U0096234

古典文獻研究輯刊

三十編

潘美月・杜潔祥 主編

第5冊

滿文譯本《四書》探賾（下）

李慧敏 著

國家圖書館出版品預行編目資料

滿文譯本《四書》探賾（下）／李慧敏 著 — 初版 — 新北市：
花木蘭文化出版社，2020〔民 109〕
目 4+198 面；19×26 公分
（古典文獻研究輯刊 三十編；第 5 冊）
ISBN 978-986-518-090-4（精裝）
1. 滿語 2. 讀本
011.08 109000637

古典文獻研究輯刊
三十編 第五冊 ISBN：978-986-518-090-4

滿文譯本《四書》探賾（下）

作　　者　李慧敏
主　　編　潘美月　杜潔祥
總 編 輯　杜潔祥
副總編輯　楊嘉樂
編　　輯　許郁翎、張雅淋　美術編輯　陳逸婷
出　　版　花木蘭文化事業有限公司
發 行 人　高小娟
聯絡地址　235 新北市中和區中安街七二號十三樓
電話：02-2923-1455／傳眞：02-2923-1452
網　　址　http://www.huamulan.tw 信箱 hml 810518@gmail.com
印　　刷　普羅文化出版廣告事業
初　　版　2020 年 3 月
全書字數　224116 字
定　　價　三十編 18 冊（精裝）　新台幣 40,000 元

滿文譯本《四書》探賾（下）

李慧敏　著

目次

表次

圖次

第六章　滿文繙譯《論語》、《孟子》之探討

第一節　《論語》成書及版本問題

《論語》是一部記錄孔子及其弟子言行之書，史籍中最早記載者，見東漢班固《漢書．藝文志》：

> 《論語》者，孔子應答弟子、時人，及弟子相與言，而接聞於夫子之語也。當時弟子各有所記，夫子既卒，門人相與輯而論纂，故謂之《論語》。

後人因而推測《論語》成書是在孔子辭世後不久，由弟子及再傳弟子纂輯而成，歷來均接受這樣的看法。《論語》成書後，經秦火之劫，至漢代有諸多版本，如《古論》、《齊論》、《魯論》、《河間論語》、竹簡本《論語》等，其中以《魯論》、《齊論》、《古論》三種最爲人所重視。《崇文總目》云：「魯人傳之，謂之《魯論》；齊人傳之，謂之《齊論》；出於孔壁，則曰《古論》。」而朱熹於〈論語序說〉中引何氏之言：

> 《魯論語》二十篇，《齊論語》別有〈問王〉、〈知道〉，凡二十二篇；其二十篇中章句，頗多於《魯論》。《古論》出孔氏壁中，分〈堯曰〉下章、〈子張問〉以爲一篇，有兩〈子張〉，凡二十一篇，篇次不與齊、魯《論》同。〔註1〕

可知當時《魯論》、《齊論》、《古論》篇章之差異。到了西漢末，安昌侯張禹

〔註1〕（宋）朱熹，〈論語序說〉，《論語集注》（臺北：世界書局，1971），頁2。

以《魯論》爲底本，整合了《齊論》，刪去比《魯論》多出的篇章而加以編定，成爲《張侯論》，開啓了《論語》結集史上的里程碑。東漢末，鄭玄注《論語》時，便參酌了《張侯論》和《古論》，成爲現行《論語》版本。〔註2〕

至宋代，朱熹作《論語集注》，將之納入《四書》中，自定爲科舉考試科目後，成爲士子人人必誦之典籍。也因爲科舉考試之助力，歷經明代以至清代，始終受到官方的重視，成爲皇子教育、皇帝自身必須學習的經典。清代前期，以康熙朝的《日講四書解義》，在傳遞儒家思想方面，扮演著相當重要的角色。皇帝藉由日講學習，將講章彙集成書後頒賜諸臣及學宮，起了教化臣民的功能，特別是滿人，逐漸能了解中華文化之精髓。然而《四書》繙譯成滿文語句，最早見於史籍，是在康熙朝滿文本起居注冊中。起居注本是官名，職司記載皇帝言行，所記錄之檔冊稱爲起居注冊。清襲明制，起居注官之設立始於康熙十年。因此，清代最早之起居注冊，應爲康熙十年（1671）九月，或云「攝政王多爾袞起居注」更早，其實不然，理由如下。民國二十三年（1934）曾出版鉛字排版之《多爾袞攝政日記》，據云原冊封面上書「攝政王多爾袞起居注」，內容亦爲逐日記事，似起居注冊。而其尋獲及出版過程頗爲有趣，此籍原藏於內閣大庫，宣統年間流出宮外，爲劉文興之父劉啓瑞所得。〔註3〕民國二十三年（1934），劉文興應允北平故宮博物院刊行之時，曾以毛筆抄錄一副本，因不明制度之歷史，遂在封面上題「攝政王多爾袞起居注」。爲此，單士元先生於《故宮札記》敍文中加以說明：

> 《多爾袞攝政日記》爲清內閣大庫舊物，宣統間清理庫檔流落於外，後歸寶應劉氏食舊德齋，原冊起五月二十九日，迄七月初九日而不紀年。茲因中有閏六月，檢勘曆書及實錄，知爲順治二年事。原書初無名稱，每日記事後均書記者銜名，與清代起居注體例略同，故劉氏於其所錄副冊，題曰「攝政王多爾袞起居注」。考清代起居注康熙間始置館，當時尚無其制，今劉氏囑由本院刊行，爰改題曰《多

〔註2〕參（魏）何晏〈序〉、《隋書．經籍志》、（唐）陸德明《經典釋文．敘錄．論語》。

〔註3〕劉文興於民國三十六年一月二十八日《中央日報·文史週刊》上發表〈清初皇父攝政王多爾袞起居注跋〉，文中云：「清季，宣統改元，內閣庫垣圮。時家君方任閣讀，奉朝命檢庫藏。……於起居注檔上，見有《皇父攝政王多爾袞起居注》一冊，黃綾裝背，面鈐弘文院印。」之後竟歸劉氏家藏，多年後轉售他人。至1959年，四川師範學院圖書館自廣州古籍書店中尋得並買下，目前仍典藏於四川師範學院圖書館中。

爾袞攝政日記》。

因此鉛字刊本未錄單先生之名，今檢《故宮札記》始知緣由。而劉氏所錄副本，現藏中央研究院歷史語言研究所，封面確實書有「攝政王多爾袞起居注」，若不知此段緣由，恐將題名誤爲清人所書，或將抄件誤爲原件。對於原書之評價，單先生云：「是書所記之事及所使用語彙均樸實無華，爲當時當日對話口吻，與後來起居注修詞藻者不同，眞是頭等原始史料。」〔註 4〕

今海峽兩岸共同出版康熙朝漢文本起居注冊，實一盛事。檢視兩岸現存康熙朝滿漢文本起居注冊，據莊吉發師統計，缺少康熙四十三（1704）、四十四（1705）、四十六（1707）、四十七（1708）、四十八（1709）、四十九年（1710）份，〔註 5〕而史語所現藏康熙朝滿漢文本起居注稿，漢文本有康熙四十三年（1704）一月、三月、八月、九月、十一月、十二月，滿文本有康熙四十四年（1705）七月、八月、九月，四十六年（1707）三月、四月、五月及四十九年（1710）三月，雖未全備，亦可參考，相較之下更見珍貴。茲列表如下：

表 6-1　史語所藏康熙朝起居注稿

康熙	1月	2月	3月	4月	5月	6月	7月	8月	9月	10月	11月	12月
12年		○		○			○	○	○			
14年										○	○	○
19年					○			○				
21年	○●	○	●		●			○		○		○●
22年										●		
24年	●		○●	○	○●	○●	○		○		●	●
25年				○		●			●	●	●	
26年		●		●		●	●					
27年					●							
30年			●	●		●	●*		●	●		
31年		○	○		○					○	○	○
32年				●	●	●	●					

〔註 4〕單士元，《故宮札記》（北京：紫禁城出版社，1990），頁 24～25。

〔註 5〕參莊吉發，〈清代起居注冊與滿學研究〉，《清史論集》第 10 輯（臺北：文史哲出版社，1997），頁 70～71。

33 年												●
37 年		●			●	●					●	
39 年		○	○	○	○	○	○					
40 年												●
42 年		○		○	○	○						○
43 年	○		○					○	○		○	○
44 年							●	●	●			
45 年		●	●							●		
46 年			●	●	●							
49 年			●									
50 年	●	●					●	●	●			
52 年								●				
53 年	○		○		○	○	○	○	○	○	○	○
54 年					○	○	○			○	○	○
56 年	●	●	●		●				●			
57 年		●	●									

●滿文本 ○漢文本　*滿文本康熙 30 年閏 7 月

《康熙朝起居注冊》記載日講《四書》者，自康熙十一年（1672）四月十五日《論語》〈子夏曰賢賢易色〉起，迄康熙十六年（1677）十一月二十三日《孟子》〈孟子曰由堯舜至於湯〉止，〔註 6〕雖然起居注稿僅存漢文本十二年（1673）二月、四月、七月、八月、九月，十四年（1675）十月、十一月、十二月，可比對之原始資料不多，但仍有相當之參考價值。如康熙十二年（1673）二月十九日起居注稿云：「上召學士傅達禮；侍讀學士莽色、楊正中至懋勤殿。」定本作：「上召學士傅達禮等至懋勤殿。」起居注冊將莽色、楊正中二人略而不提，倘未見原稿，便無法得知。

滿文本《康熙朝起居注冊》中，因記錄了皇帝日常重要行事，包括日講，也將《四書》篇章名摘錄其中。最初開始的是《論語》，《論語》講畢，依次爲《大學》、《中庸》、《孟子》。其後年終將講章彙呈，因而刊刻《日講四書解義》，有滿文本及漢文本兩種，分別頒賜滿漢諸臣。若以《康熙起居注冊》中繙譯之滿文篇章名，與《四庫全書》所收錄之乾隆朝《欽定繙譯四書》滿

〔註 6〕參附錄二、康熙朝日講《四書》起訖表。

文互相對照，差異頗大，須列表加以比較，以便探討個中原因，明瞭滿文發展之歷程。滿文本《康熙朝起居注冊》，現藏臺北國立故宮博物院，其中康熙十年九月、十月合為一冊，其餘每月一冊，全年共十二冊，閏月增一冊。四十三年至四十九年及五十三年以降各年俱缺。〔註 7〕原本希望在附錄表中的滿文字體以原文呈現，但因臺北故宮古籍資料影印有所限制，取得原文影像頗為不易，故於無法影印處，標識以「*」記號，代以現代滿文字型圖檔呈現。（詳見書後附錄）

第二節　滿文繙譯《論語》之詮釋

一、康熙、乾隆二朝滿文比較

最早將康熙朝與乾隆朝繙譯之《四書》滿文加以比較，始於莊師吉發〈清高宗敕譯《四書》的探討〉一文，文中詳敘二朝滿文之異同。相同者如《論語》「公冶長篇」內「季文子三思而後行」，康熙朝《起居注冊》與乾隆朝《御製繙譯四書》均譯作「gi wen dz, cibtui gūnifi teni yabumbi」，此類例子不少，不待贅敘。而相異之處甚為龐雜，以下歸納成數點：

（1）滿文連寫習慣不同。如《論語》「先進篇」內「子張問善人之道」，《起居注冊》譯作「dz jang sain niyalma i doro be fonjire」，句中「niyalma i」（人的），《御製繙譯四書》作「niyalmai」。

（2）「夷狄」等違礙字詞避諱。康熙朝時採音譯，並未避諱。如《中庸》第十四章內「素夷狄，行乎夷狄」，《清文日講四書解義》譯作「ne i di oci, i di be yabumbi」，句中「i di」（夷狄），《御製繙譯四書》改譯作「tulergi aiman」，即「外面的部落」或「外藩」。

（3）許多音譯字改為意譯。官名如《論語》「公冶長篇」內「令尹子文」，《起居注冊》譯作「ling in dz wen」，句中官名「ling in」（令尹），《御製繙譯四書》改譯作「alifi dasara amban」。鳥名如《論語》「子罕篇」之「鳳鳥」，《清文日講四書解義》譯作「fung gasha」，《御製繙譯四書》改作「garudai」。

（4）添字改譯，使文義更加清楚。如《四書》內所載古聖先王「堯」、「舜」、「禹」等，《起居注冊》音譯作「yoo」、「šūn」、「ioi」，《御製繙譯四

〔註 7〕莊吉發，《故宮檔案述要》（臺北：國立故宮博物院，1983），頁 299。

書》於其後俱添一「han」（帝）字，成「yoo han」（堯帝）、「šūn han」（舜帝）、「ioi han」（禹帝）。而國名、地名之後添「gurun」（國、朝）或「bade」（地方），如《論語》「先進篇」內「從我於陳蔡者」，《起居注冊》譯作「mimbe cen tsai de dahalaha」，句中「cen tsai」（陳、蔡），意義不甚明瞭，《御製繙譯四書》改譯作「cen gurun, tsai gurun」（陳國、蔡國），意思即明白了。又如「子畏於匡」，《起居注冊》譯作「fudz kuwang ni olhocun de」，句中「kuwang」（匡），《御製繙譯四書》改譯作「kuwang ni bade」，意即「於匡的地方」，說明「匡」是地名。

（5）繙譯之文義表達深淺。《御製繙譯四書》之滿文，其文義及意旨表達較康熙年間譯文更深入。如「公冶長篇」內「孰謂微生高直」，《起居注冊》譯作「we, wei šeng g'ao be tondo」，以「tondo」繙「直」，此是物品曲直之「直」，而《御製繙譯四書》改作「sijirhūn」，此是人品正直之「直」。又如「述而篇」內「子之所愼」，《起居注冊》譯作「fudz i olhorongge」，以「olhorongge」繙「愼」，意即「畏懼」，《御製繙譯四書》改作「olhošorongge」，意即「謹愼」。

（6）句型差異，直接受詞與間接受詞位置調換。康熙年間繙譯《四書》之滿文句型，是按漢文句型結構而繙譯，即主詞後緊接直接受詞。乾隆年間改譯《四書》時，已脫離漢文句型，在主詞後緊接間接受詞，再接直接受詞。如「八佾篇」內「哀公問社於宰我」。

《康熙起居注冊》：

ai gung（哀公）,	še（社）be,	dzai o（宰我）de	fonjiha（問）.
主詞	直接受詞	間接受詞	動詞

《御製繙譯四書》：

ai gung（哀公）	dzai o（宰我）de	boihaju（社）be	fonjire jakade.
主詞	間接受詞	直接受詞	動詞

（7）漢文語氣之表達。乾隆朝改譯《四書》時，較能將語氣輕重及意義充分表達出來。如「顏淵篇」內「君君、臣臣、父父、子子」，《起居注冊》譯作「ejen, ejen, amban, amban, ama, ama, jui, jui」，讀之殊不可解。《御製繙譯四書》改譯作「ejen oci, ejen, amban oci, amban, ama oci, ama, jui oci, jui」，意即「君是君、臣是臣、父是父、子是子」，較舊譯更能掌握。

此外，葉高樹於〈《詩經》滿文譯本比較研究——以〈周南〉、〈召南〉爲例〉一文中，亦詳細比較康熙朝與乾隆朝滿文之差異，主要分爲名詞繙譯、疊字繙譯、用字比較、語法比較來探討。在名詞繙譯方面有數點：

（1）順康兩朝繙譯漢文古籍時，遇專有名詞，俱按漢字音譯。乾隆朝改譯時，常在專有名詞後加上若干字，使文義更明晰。

（2）在普通名詞繙譯方面，順治朝與乾隆朝最大差別在於音譯與意譯之不同。

（3）順治朝以後，爲書寫及溝通需要，陸續創造新字，取代舊有音譯字。

（4）滿文部分名詞原本即有，順治朝卻代用音譯，乾隆朝改回滿文本字。

（5）繙譯有關性別文字時，順治朝用中性單字。乾隆朝選擇明確的性別單字。

（6）順治朝特色除音譯之外，尙有直譯。

在疊字繙譯方面，順治本以達意爲主，較不重視漢文文字結構。乾隆本刻意模仿漢文修辭，常改變滿文字音或詞彙習慣用法。在用字比較方面，順治本多採直譯，乾隆本注重字義闡明。順治本部分用字過於籠統，乾隆本則一一加以更正。因此，從若干詞彙比較，乾隆朝譯本表達更勝一籌。在語法比較方面，順治本中部分滿文句型是依漢文句型直接繙譯，乾隆本重譯時已脫離漢文句型結構。而乾隆本常在滿文文句中添加「i」、「de」等介系詞，使語句更完整等。

綜合二者所述，康熙朝繙譯特點是大量使用音譯字詞，乾隆朝則是將這些音譯字詞儘量改爲意譯，在使用上更爲精確。而句型也符合滿文原有之構句法，一改從前爲遷就漢文而繙譯之構句式。然而康熙朝字詞之音譯，是否無一定準則各自擬音，抑或有所依據？今見德國柏林國家圖書館藏有一篇刻版印刷，康熙二十四年（1685）九月初一日翰林院編修尤珍所書〈清書千字文〉，通篇皆是滿文擬寫漢字字音，若是滿人讀之，恐不解其意。那麼，〈清書千字文〉究竟有什麼用途？

圖 6-1　清書千字文

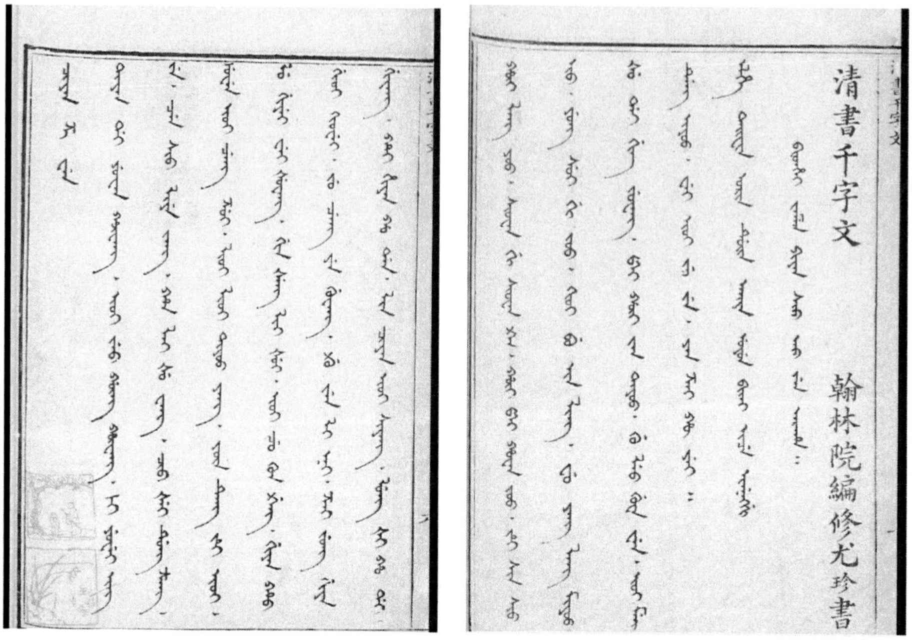

資料來源：德國柏林國家圖書館藏〈清書千字文〉

漢文〈千字文〉原爲南朝梁周興嗣所作，是由一千個不同漢字所組成之四字一句長篇韻文，自古即爲啓蒙習字必須背誦之文章。由於人人皆能成誦，也利用作爲編號一途，如內閣大庫收貯之敕書，背面皆按千字文書寫編號，或是大庫書櫃編號，如「天」字櫃、「地」字櫃等。那麼，〈清書千字文〉音譯漢字用途爲何？從尤珍職掌來看，其職司康熙朝翰林院編修，與編纂或繙譯書籍有關，據此可以推測，其所書〈清書千字文〉，或與轉譯漢文人名、地名、朝代等漢字讀音有關。若非如此，則應當繙譯整篇文義。試想，一熟悉〈千字文〉之繙譯官，遇有欲繙之漢字名詞時，憑背誦〈千字文〉，立即可以找到相對應或同音字之滿文拼法，而且標準一致，實爲一有效率之方法，以下列表舉例加以比對。

表 6-2　康熙《起居注冊》音譯字與〈清書千字文〉比較

《論語》中漢文	康熙《起居注冊》	〈清書千字文〉	漢文〈千字文〉
子夏（人名）	dz hiya	dz hiya	子、夏
子禽（人名）	dz kin	dz kin	子、禽

有子（人名）	iodz	io dz	有、子
孟武伯（人名）	meng u be	meng u be	孟、武、伯
子游（人名）	dz io	dz io	子、游
子張（人名）	dz jang	dz jang	子、張
子貢（人名）	dz gung	dz gung	子、貢
孔子（人名）	kungdz	kung dz	孔、子
子賤（人名）	dz jiyan	dz jiyan	子、賤
子路（人名）	dz lu	dz lu	子、路
伯魚（人名）	be ioi	be ioi	伯、魚
史魚（人名）	ši ioi	ši ioi	史、魚
公叔文子（人名）	gung šu wen dz	gung šu wen dz	公、叔、文、子
桓公（人名）	hūwan gung	hūwan gung	桓、公
子羔（人名）	dz k'ao	dz k'ao	子、羔
詩（書名）	ši ging	ši ging	詩、經
書（書名）	šu ging	šu ging	書、經
周（朝代名）	jeo	jeo	周
武城（地名）	u ceng	u ceng	武、城
石門（地名）	ši men	ši men	石、門

資料來源：臺北國立故宮博物院、德國柏林國家圖書館。

由上表可知，康熙朝繙譯時無論是人名、地名、書名、國名等所採之音譯字，與〈清書千字文〉拼法一致，有極大的可能是以〈清書千字文〉爲依據，如此一來，無論多少位繙譯官同時著手繙譯，諸書中之音譯字便能統一。到了乾隆朝重譯《四書》，其原因與欽定清語有關，已在第四章第一節中加以論述。而自重譯之《四書》中取《論語》篇章名，與《康熙起居注冊》中《論語》篇章名互相比較，更能看出滿文之演變。除了上述繙譯名詞及句型之差異外，尚有數點補充。

在句型上，如「某人曰」，康熙朝的繙譯法有兩種，並未統一。有時採用「主詞＋i/ni＋動詞過去式」，〔註 8〕有時用「主詞＋動詞副動形」。如「子曰由誨女知之乎」之「子曰」作「kungdz i henduhe」，「子曰攻乎異端」之「子

〔註 8〕介系詞「i」或「ni」的使用，是依前一字詞之字尾而定。遇有「ng」尾時用「ni」。

曰」作「kungdz hendume」；乾隆朝均改為「主詞＋動詞副動形」，作「fudz hendume」。其中改譯之「fudz」為「夫子」音譯，可能是敬避舊譯「kungdz」（孔子）稱姓氏之故。

另一種「甲問乙」句型，康熙朝的繙譯法是「甲＋i/ni＋乙＋de＋動詞過去式」，乾隆朝則改為「甲＋・＋乙＋de＋動詞副動形」。其中「i/ni」是用來標記主詞，說明動作由其產生，「de」是用來標記受詞，說明動作所作用的對象。康熙朝「i/ni」之用法，乾隆朝改以點號，相當於今日之逗號，區隔出緊連的受詞。如「子游問孝」，康熙朝作「dz io i hiyoošun be fonjiha」，乾隆朝改作「dz io, hiyoošun be fonjire jakade」。

在名詞的繙譯上，關於「夷狄」之譯法，亦發現同一詞有兩種繙法，可見當時並未統一，大部分是按音譯，少數改為意譯。如「夷狄之有君」，《康熙起居注冊》繙作「tulergi gurun de ejen bi」（外面的國家有君），而《中庸》「素夷狄，行乎夷狄」，《清文日講四書解義》譯作「ne i di oci, i di be yabumbi」，句中「夷狄」即是按音譯作「i di」，到了乾隆朝時均改為「tulergi aiman」（外面的部落）。此外，乾隆朝在重譯《四書》時，除了一般的詞義、句義是詳考古籍諸書所得，一些特殊之古禮或制度，更須考證後才能譯出滿文。以《論語》為例，如「八佾篇」內「子曰禘自既灌而往者」，其中「禘」字，《康熙起居注冊》譯作「di wecen」，雖然由「wecen」可知是一種祭祀，但是滿人從音譯「di」字無法明白是何種祭祀。而「禘」在古文獻中即有多種說法：

（1）「禘祖配祖」、「禘天配祖」說。《禮記・喪服小記》云：「王者禘其祖之所自出，以其祖配之。」鄭玄認為「禘，謂祭昊天於圜丘也。」孔穎達引王肅《聖證論》，認為禘祭是禘祭始祖而以其祖配祭。因此，禘祭有兩種看法，一是祭祖，一是祭天。

（2）「大祭祀」說。《周禮・春官》鄭玄注：「此三者（祭天、地、人鬼）皆禘，大祭也。」

（3）「夏祭」說。《禮記・祭統》：「凡祭有四時，春祭曰礿，夏祭曰禘，秋祭曰嘗，冬祭曰烝。」

（4）「吉禘」說。祖先三年之喪後行禘祭，變凶禮（喪禮）為吉禮（祭禮），故稱「吉」。《春秋經・閔公二年》：「夏五月，乙酉，吉禘于莊公。」

（5）殷祭說。《公羊傳・文公二年》：「五年而再殷祭。」何休注：「殷，盛也，謂三年祫、五年禘。」是故，「禘」是五年一次在宗廟舉行的大祭，屬殷祭。〔註9〕

依據第一歷史檔案館繙譯《四書》稿本可知，當時繙譯時甚爲謹愼，乾隆帝會先要求繙譯官遍尋諸書找出合理之解釋，再試譯出滿文而後由皇帝裁奪。因此，乾隆朝重譯時將「禘」改爲「ambarame wecembi」（盛大著祭祀），第一字「ambarame」有「盛大」之意，爲動詞副動形，用來修飾下一動詞「wecembi」（祭祀），與朱子注解所引趙伯循之說「禘」是「王者之大祭」相符。

又如「子貢欲去告朔之餼羊」，句中「告朔之餼羊」，《康熙起居注冊》譯爲「ice de alara weihun honin」，意即「告於初一的活羊」，恐易產生誤解，並未清楚表達什麼是「告朔」。此處朱熹注曰：

> 告朔之禮，古者天子常以季冬頒來歲十二月之朔於諸侯，諸侯受而藏之祖廟。月朔，則以特羊告廟，請而行之。餼，生牲也。魯自文公，始不視朔，而有司猶供此羊，故子貢欲去之。〔註10〕

因此，乾隆朝重譯時詳審文義，將之繙爲「šongge inenggi de alame wecere weihun honin」，意即「於朔日告祭的活羊」，將原義詮釋的更加清楚。值得注意的是，康熙朝《御製清文鑑》中並未錄有「šongge inenggi」（朔日）一詞，到了乾隆朝才出現。可知滿文在繙譯漢文典籍時，爲因應所需，往往新造許多詞彙，這些是滿人文化中原先沒有的，不僅乾隆朝如此，入關前皇太極時代即已開始。藉由繙譯漢文典籍，滿文詞彙逐漸豐富起來，使得滿人在思想及文化上也逐漸起了變化。

二、句義之繙譯詮釋

滿文繙譯漢文典籍之長處，便是將深奧難於理解或容易誤解之漢文，轉譯爲明白易懂之滿文。而此繙譯過程相當嚴謹，繙譯官必須參閱漢文古籍諸書，推敲原義擬出滿文，再由皇帝審查、裁示後，始行譯出。康熙朝如此，乾隆朝亦是。由康熙五十一年（1712）五月初九日一件奏摺可知。

〔註9〕水汶，〈禘祭祭禮與《周頌・雝》詩考辨〉，《河池學院學報》，第35卷第4期，2015年8月。頁53～54。

〔註10〕（宋）朱熹，《論語集注》（臺北：世界書局，1971），頁11。

奴才和素、常樹謹奏，《性理奥》第二節内「須著如此説」一句，奴才等未懂，因未得合適之語，故先前曾奏稱應否譯爲「一定照此語」，或「須著如此説」等語，奏請訓旨。奉初八日到諭旨：此兩次請旨，係何人引用舊書，何人隨意繕寫之處，並未陳明，故朕改定時甚難。倘舊書内沒有，朕意似應取「須著如此説」之訓旨，必改正。等語。奴才等看得，此譯與漢文恰好相合，且語意亦明顯表達。主子反復磨勘，盡心研究，奴才等讚歎不已。再，奉旨：上次報内「截」字，曾繕兩次請旨。回旨到前，即已將「截住」字翻譯具奏，故朕改定時亦難。現今前後不合，可如此雜亂完結乎？欽此欽遵。查得，前摺内之「截」字，與此摺内之「截」字俱相同，而前摺請旨，係屬奴才等糊塗錯謬。主子一日萬機，改正眾人所修之書，以朱筆御批，一字不漏，務臻盡善。奉旨：現今前後不合，可如此雜亂完結乎？欽此。甚是。故奴才等商議，欽遵前摺内諭旨指示，仍改爲 faksalari，前後一致。再，奉旨：摺内繕有 soorin tere dulimbade mutembi，查漢書之意，並無 soorin 之語，此語從何書引來，核對具奏。朕意似應繕作 tereiba dulimbade mutembi。欽此欽遵。查得，《易經》係〈繫辭〉內，將「位」譯成 soorin，《中庸》譯成 jergi，《論語》譯成 tusan，《黄曆》把「位」譯成 ba，既然俱係按上句取其意斟酌翻譯，故此處亦取其意，將 soorin 譯成 ba，則益加顯明，且與書内之意亦恰好相合，故照諭旨批教，改爲 terei ba dulimbade mutembi。再，奉旨：將「顛樸」寫成 fahaha maktaha 之處，改後請旨。欽此欽遵。將「顛樸」譯作 fahaha maktaha，或譯成 tuheke tengkibuhe 之處，改後請旨。欽此欽遵。將「顛樸」譯作 fahaha maktaha，或譯成 tuheke tengkibuhe 之處，伏乞降旨指教。再，這兩句經商議，常樹稱各將用意説明，已另繕籤子夾入。爲此，將《性理奥》第三節一併謹奏。

硃批：知道了。〔註 11〕

由於康熙朝保留下來這類檔案並不多，又分散各處，雖然未尋得直接討論繙譯《四書》之相關奏摺，從此件亦可看出當時繙譯歷程。

由上可知，滿文譯本對於字句處理相當謹慎，確實可以作爲理解漢文之

〔註 11〕翁連溪，《清内府刻書檔案史料彙編》（北京：廣陵書社，2007），頁 20。

輔助，而滿文成熟之高峰在乾隆朝，當時重譯之《四書》，成爲往後各朝繙譯漢文典籍之標準。因此，從現今《四庫全書》所收錄之乾隆朝《御製繙譯四書》中，列舉《論語》難解各篇漢文短句加以說明。

（一）學而篇

如「孝弟也者，其爲仁之本與。」句中「爲仁」一詞，滿文譯作「gosin be yabure」，意即「行仁」，並非「是仁」，說明孝弟是「行仁」的根本，而非容易誤解成孝弟「是仁」的根本。又「巧言令色」，滿文作「faksi gisun, araha cira」，意即「工巧的言詞，粉飾做作的臉色」。而「道千乘之國」，滿文譯作「mingga sejengge gurun be dasara」，意即「治理有千輛車的國家」。亦合朱熹註解：「道，治也。」

「賢賢易色」，《御製繙譯四書》作「sain be saišara de, boco de amuran be guribure」。其中漢文第一「賢」字，滿文繙作「saišara」，是由動詞「saišambi」（稱讚）變化而來。因其後接介詞「de」表達時間，故原形動詞須改爲形動詞。第二「賢」字，滿文作名詞「sain」（好）；因此，透過滿文，可知「賢賢」二字，前一字爲動詞，後一字爲名詞；繙譯成滿文「sain be saišara de」，即是「將好的稱讚之時」。「易」字滿文作「guribure」（使遷移），「色」字滿文作「boco」（顏色，包括面容顏色與物質顏色），又於其後添一「amuran」（喜好）；因此「易色」之滿文「boco de amuran be guribure」，即是「使好色（本能）遷移」。對於人而言，受他人稱讚，獲得肯定、認同，是一種存在之價值，藉此提昇並轉移其好色之本能，而不使用克制或禁止的方法，儒家之修養工夫，於此可略窺一二。

（二）為政篇

如「道之以政」，滿文作「dasan i yarhūdara」，意即「用政引導」。與朱熹原註相合，即：道，猶引導，謂先之也。再與前述「學而篇」中「道千乘之國」對照，漢文同是「道」字，理解上稍有疑慮，然而透過滿文解讀，即可清楚明白。而「有恥且格」，滿文作「girucun be sambime wembi」，意即「知羞恥並且感化」。

「君子不器」，《御製繙譯四書》譯爲「ambasa saisa be tetušeci ojorakū」。「君子」，滿文作「ambasa saisa」；「ambasa」字義爲「大臣等」，意指爲官居高位者，「saisa」則是「賢者」。因此，滿文所表達之「君子」，不僅是「賢者」，也是「爲官居高位者」。由於滿文在每字之後均添加「sa」，是名詞之複數形，故是一種泛稱，非單指一人。又，「不器」滿文作「tetušeci ojorakū」。「器」之繙譯，並非使用名詞「tetun」（容器），而是動詞「tetušembi」（器使）一詞，因後接「ci ojorakū」（不可），故去動詞尾「mbi」。「器使」是有所限制，受限於何才何用，如同容器一般，何器盛何物。「君子不器」之滿文「ambasa saisa be tetušeci ojorakū」，意謂君子不可器使，其才不應受限於一器一用，如同器皿一般。

「君子周而不比」，《御製繙譯四書》譯作「ambasa saisa neigelembi, haršarakū」。其中「周」字滿文作「neigelembi」（均等對待）；「不比」作「haršarakū」（不偏護），爲動詞原形「haršambi」（偏向），去動詞尾「mbi」，再加上「rakū」否定，而不使用「hakū」（沒）。二者之不同，在於「rakū」表達出一種禁止，或未曾做過也不會去做，「hakū」則是會做但沒去做。因此，滿文清楚地詮釋「君子周而不比」，即「君子待人均等不會有所偏袒」，由此亦可看出乾隆帝欽定繙譯之審愼考量。

（三）八佾篇

「季氏旅於泰山」，滿文作「gi halangga, tai šan alin be wecembi」。乍見漢文「旅」字，若解爲「行旅」便特錯，如能對照滿文，立即明白其義。「旅」字滿文繙作「wecembi」，指的是「祭神」，原來季氏是要去祭泰山山神，而非遊於泰山。望文生義，總是很容易產生誤解。

「或問禘之說」，《御製繙譯四書》譯作「gūwa, ambarame wecere turgun be fonjire」；「或」字滿文作「gūwa」，爲一代名詞，指的是「其他的」或「他人」。由於「gūwa」之後緊接著句讀，可以斷定本身是主格，因此解爲「他人」。而「禘」字滿文作「ambarame wecembi」，爲王者之大祭，因「wecembi」（祭神）後接名詞「turgun」（事理），故去動詞「mbi」尾，加上「re」成形容詞，以修飾後者。因此，滿文可解爲「他人問王者大祭之事」。

「射不主皮」，滿文譯作「gabtara de, sukū fondoloro be bodohakūngge」。「gabtara de」（射箭時），容易理解，但「不主皮」又是什麼？「不主」，滿文作「bodohakūngge」（未考慮者）；「皮」字，滿文作「sukū fondoloro」（穿透皮）。因此，「射不主皮」滿文釋爲「射箭時，未考慮把皮穿透。」

（四）里仁篇

「不仁者，不可以久處約。」「約」字滿文繙作「yadahūn」（貧窮），幾乎是透過滿文，便能立即掌握漢文文義。又，「放於利而行，多怨。」滿文譯爲「aisi be dahame yabuci, gasacun ambula」。其中「利」字，滿文作「aisi」（利益）；「放」則使用「dahame」（跟隨著）。「行」字滿文作「yabuci」，後添「ci」表達一種假設語氣之條件，使整句句義前後因果關係更加清楚。因此譯爲：若是跟隨著利益而行的話，會有許多抱怨。又，「事父母幾諫」，「幾」字滿文作「nesuken i」（溫和地），透過滿文，立即可以解開漢文疑義。

（五）公冶長篇

「女與回也孰愈」，滿文譯作「si, hūi we fulu」。「女」字滿文作「si」（你），「孰」作「we」（誰），「愈」字譯作「fulu」（優長）。因此滿文繙譯之句義爲「你和回誰優秀？」而「臧文仲居蔡」，滿文譯爲「dzang wen jung, eihume be asarara de」。「居蔡」，滿文作「eihume be asarara」（收藏烏龜）。意指「臧文仲收藏烏龜」，而非「臧文仲居住於蔡地」。又，「孰謂微生高直」，滿文作「we, wei šeng k'ao be sijirhūn sehe ni」；「直」字譯爲「sijirhūn」（直率的），句尾又添一「ni」（呢），使得整句語氣表達地更加完整，即「誰說微生高是直率的呢！」

（六）雍也篇

「雍也，可使南面。」句中「可使」，滿文作「dasabuci ombi」，即「可以使之治理」，而非「可以出使」之意。又，「非不說子之道」，滿文譯作「fudz i doro be buyerakūngge waka」。此處「不說」滿文作「buyerakūngge」（不愛者），並非「不去說」。而「子之道」，滿文作「fudz i doro」（夫子的道理），整句句義爲：不是不愛夫子的道理。又，「孟之反不伐」之「不伐」，滿文作「tukiyecerakū」（不誇耀），即「孟之反不誇耀」。

「不有祝鮀之佞」，漢文亦不易理解；「祝鮀」之滿文作「jalbarire hafan to」，即「禱祝官鮀」，「佞」字滿文作「anggalinggū」（口才），可解爲「沒有禱祝官鮀的口才」。又，「質勝文則野」，滿文譯作「gulu, šu ci dabanaci, albatu」。其中，「質」滿文作「gulu」（樸實、直率），「文」作「šu」（有文字修養的、文飾），而「勝」字滿文使用「ci dabanambi」（從…越過），爲動詞「dabanambi」去「mbi」尾，再加上「ci」；如前所述，成爲一種假設語氣條件句。因此解爲：若是直率勝過文飾的話，就會「albatu」（粗鄙）。

「觚不觚，觚哉，觚哉。」滿文譯作「hošonggongge, hošonggo akū oci, hošonggo nio, hošonggo nio。」「觚」之滿文作「hošonggo」（方形的），加上

「ngge」構成代名詞，指所謂方形的東西。「不觚」作「hošonggo akū」（不是方形），滿文於其後又添「oci」（如果、若是），使得語意更加完整，即：所謂方形的觚，若不是方形的話。下一句「觚哉，觚哉。」的「哉」字，滿文以「nio」（嗎）疑問詞來表達，即：是觚嗎？是觚嗎？

（七）述而篇

「子之燕居」，滿文譯作「fudz sula tehede」。「燕居」一詞對照滿文是「sula tehe」（閒居），其中「sula」有閒散之意，而「tehe」後接「de」，表達時間、狀態，故句義可釋爲「夫子閒居之時」。

「不憤不啓」，滿文譯作「facihiyašarakū oci, neilerakū」。「不憤」之滿文爲「facihiyašarakū」，即「不著急之意」。其後添加「oci」（如果），形成條件句；而「不啓」譯作「neilerakū」（不啓發），因此句義爲：若是不著急的話，就不啓發。一個人如果不急思振作，旁人再多的啓發也枉費工夫；「不憤不啓」，其實蘊含著一種適時教導的智慧。

「子釣而不綱」，滿文譯爲「fudz welmiyembi, dangdalilarakū」。句中「welmiyembi」是指「釣魚」，與漢文原義相符；然而「不綱」又是什麼？參酌滿文「dangdalilarakū」可知，其構詞是由「dangdalilambi」去動詞尾「mbi」加否定成份「rakū」而來，「dangdalilambi」是指「下攔河網」；下攔河網捕魚，無論大小一網打盡，所謂無漏網之魚，魚種可能因此滅絕。而孔子言釣魚不用大網攔河捕盡，可見其護生仁心。

「互鄉難與言」，滿文譯作「hū hiyang gašan de, gisureci mangga bihebi」。漢文之「互鄉」較難理解，但是滿文「hū hiyang gašan」，經後接「gašan」（鄉村）可知，漢文「互鄉」爲一鄉名。「難與言」之滿文「gisureci mangga bihebi」，意爲「若是說話的話，難來著」，表示很難與其說話。

由以上所舉諸篇漢文較難理解諸例來看，可知滿文在繙譯漢文時，無不詳加斟酌、考量，因而採取添字、改字或補足語氣等方式繙譯漢文，無非是要詞能達意、文以載道。

第三節　《孟子》版本及序文意義

一、兩岸現存版本

滿文譯本《孟子》除了收錄在繙譯《四書》之中，亦有單行本流傳，如

1983 年出版之《世界滿文文獻目錄》、1991 年出版之《全國滿文圖書資料聯合目錄》、2008 年出版之《北京地區滿文圖書總目》所登錄者。僅是大陸地區，便保存了不少珍貴古籍，以下列表比對說明。

表 6-3　《孟子》現存版本

現存滿文譯本《孟子》單行本	《世界滿文文獻目錄》（哲學類）	《全國滿文圖書資料聯合目錄》（哲學類）	《北京地區滿文圖書總目》（經部四書類）
《孟子》滿漢合璧，（宋）朱熹集注，乾隆年間刻本，2 卷 2 冊	（未錄滿文書名）典藏地：中央民族學院圖書館。	mengzi bithe，18x13cm，典藏地：（1）中央民族學院圖書館（2）內蒙古自治區圖書館（3）內蒙古社會科學院圖書館（4）大連市圖書館。	mengdzi bithe， 線裝，白口 頁面 24.1x15.7cm 半葉版框 18x13cm，四周雙邊 7 行，版口有漢文書名，單魚尾，漢文篇目，頁碼。 典藏地：（1）中央民族大學圖書館。 另（2）中國社會科學院民族學與人類學研究所圖書館（3）國家博物館圖書館（4）雍和宮所典藏者爲頁面 25x16cm，半葉版框 18x13cm。
《孟子》滿漢合璧，刻本，7 卷 7 冊	（未錄滿文書名）21.2x15.2， 典藏地：（1）中國社會科學院民族研究所圖書資料室（2）雍和宮（3）中國歷史博物館圖書館。	mengzi bithe， 21.2x15.2cm， 典藏地：（1）中國社會科學院民族研究所圖書館（2）雍和宮（3）中國歷史博物館圖書館（4）內蒙古自治區圖書館（5）齊齊哈爾市圖書館。	
《孟子》滿漢蒙合璧，刻本，14 冊	（未錄滿文書名）24x18.3， 典藏地:民族文化宮圖書館藏品。	mengzi bithe， 24x18.3cm， 典藏地：（1）[93]（2）內蒙古自治區圖書館（3）內蒙古大學圖書館（4）吉林師範大學圖書館。	mengdzi bithe， 線裝，白口 頁面 27.7x20cm 半葉版框 24x18.3cm，四周單邊 3 行，版口有漢文篇目，單魚尾，漢文頁碼。 典藏地：中國民族圖書館。

《孟子》滿漢蒙合璧，（宋）朱熹集注，抄本，6冊			mengdzi bithe， 線裝，白口 頁面 29.9x18.5cm 半葉版框 20.2x13cm，四周雙邊，朱絲欄 3 行，版口有漢文書名，單魚尾，漢文篇目，頁碼。 典藏地：雍和宮。
《孟子集註》滿漢合璧，刻本，7卷7冊		meng zi ji ju， 21.4x15.4cm， 典藏地：（1）內蒙古大學圖書館（2）齊齊哈爾市圖書館。	mengdzi ji ju 線裝，白口 頁面 26.5x17cm 半葉版框 21.5x15.4cm，四周雙邊 6 行，小字雙行，版口有漢文書名，單魚尾，漢文卷次，頁碼。 典藏地：中國社會科學院民族學與人類學研究所圖書館。

資料來源：《世界滿文文獻目錄》、《全國滿文圖書資料聯合目錄》、《北京地區滿文圖書總目》

由上表可知，各書目對於滿文譯本《孟子》之分類不盡相同，《世界滿文文獻目錄》、《全國滿文圖書資料聯合目錄》歸在「哲學類」，《北京地區滿文圖書總目》仿照《四庫》分類法，歸在「經部四書類」。而滿文書名之拼音轉寫亦不統一，如《孟子》，《全國滿文圖書資料聯合目錄》作「mengzi bithe」，《北京地區滿文圖書總目》作「mengdzi bithe」。《孟子集註》，《全國滿文圖書資料聯合目錄》作「meng zi ji ju」，《北京地區滿文圖書總目》作「mengdzi ji ju」。此外，各典藏單位若無仔細清點及詳細登錄公布，很難全面掌握。而近期製作之目錄，雖比對前人著錄，因資料過於龐大，難免有所疏漏，如 2008 年出版之《北京地區滿文圖書總目》中，並無 1991 年出版之《全國滿文圖書資料聯合目錄》所提原藏雍和宮、中國歷史博物館圖書館的 7 卷 7 冊滿漢合璧刻本《孟子》，至今是否仍然保存或原先登錄有誤，皆須釐清。

而臺灣各圖書館藏書目錄，如《國立故宮博物院普通舊籍目錄》、《中央研究院歷史語言研究所善本目錄》、《國立中央圖書館善本書目》、《臺灣省立臺北圖書館普通本線裝書目》等，皆尋無單行之滿文譯本《孟子》。是否有私家收藏，目前無法得知。滿文譯本《孟子》除兩岸現藏目錄可略知一二外，世界各圖書館之典藏統計尤屬不易，待未來有心者為之，亦嘉惠後人。

二、原著序文繙譯之意義

乾隆朝《御製繙譯四書》中所收《御製繙譯孟子》，亦將朱熹原著之〈孟子序說〉加以繙譯，其中必然有些道理。然而一般研究漢文四書者，甚少討論此序文，故有解讀之必要，而滿文與漢文句義詮釋是否相同，須待分析，現將滿漢文轉錄如下：

《史記・列傳》曰：「孟軻，騶人也，受業子思之門人。道既通，游事齊宣王，宣王不能用。適梁，梁惠王不果所言，則見以為迂遠而闊於事情。當是之時，秦用商鞅，楚魏用吳起，齊用孫子、田忌。天下方務於合從連衡，以攻伐為賢。而孟軻乃述唐、虞、三代之德，是以所如者不合。退而與萬章之徒序《詩》、《書》，述仲尼之意，作《孟子》七篇。」

韓子曰：「堯以是傳之舜，舜以是傳之禹，禹以是傳之湯，湯以是傳之文、武、周公，文、武、周公傳之孔子，孔子傳之孟軻，軻之死，不得其傳焉。荀與揚也，擇焉而不精，語焉而不詳。」又曰：「孟氏，醇乎醇者也。荀與揚，大醇而小疵。」又曰：「孔子之道，大而能博，門弟子不能徧觀而盡識也，故學焉而皆得其性之所近。其後離散分處諸侯之國，又各以其所能授弟子，源遠而末益分。惟孟軻師子思，而子思之學，出於曾子。自孔子沒，獨孟軻氏之傳得其宗。故求觀聖人之道者，必自孟子始。」又曰：「揚子雲曰：『古者楊墨塞路，孟子辭而闢之，廓如也。』夫楊墨行，正道廢。孟子雖賢聖，不得位空言無施，雖切何補。然賴其言，而今之學者，尚知宗孔氏，崇仁義，貴王賤霸而已。其大經大法，皆亡滅而不救，壞爛而不收。所謂存十一於千百，安在其能廓如也？然向無孟氏，則皆服左衽而言侏離矣。故愈嘗推尊孟氏，以為功不在禹下（者），〔註 12〕為此也。」

或問於程子曰：「孟子還可謂聖人否？」程子曰：「未敢便道他是聖人，然學已到至處。」程子又曰：「孟子有功於聖門，不可

〔註 12〕四庫所收《御製繙譯孟子》缺一「者」字。

勝言。仲尼只說一箇仁字，孟子開口便說仁義。仲尼只說一箇志，孟子便說許多養氣出來。只此二字，其功甚多。」又曰：「孟子有大功於世，以其言性善也。」又曰：「孟子性善、養氣之論，皆前聖所未發。」又曰：「學者全要識時。若不識時，不足以言學。顏子陋巷自樂，以有孔子在焉。若孟子之時，世既無人，安可不以道自任。」又曰：「孟子有些英氣。才有英氣，便有圭角，英氣甚害事。如顏子便渾厚不同，顏子去聖人，只毫髮間。孟子大賢，亞聖之次也。」或曰：「英氣見於甚處？」曰：「但以孔子之言比之，便可見。且如冰與水精，非不光。比之玉，自是有溫潤含蓄氣象，無許多光耀也。」楊氏曰：「《孟子》一書，只是要正人心，教人存心養性，收其放心。至論仁、義、禮、智，則以惻隱、羞惡、辭讓、是非之心爲之端。論邪說之害，則曰：『生於其心，害於其政。』論事君，則曰：『格君心之非』,『一正君而國定』。千變萬化，只說從心上來。人能正心，則事無足爲者矣。《大學》之脩身、齊家、治國、平天下，其本只是正心、誠意而已。心得其正，然後知性之善，故孟子遇人便道性善。歐陽永叔卻言：『聖人之教人，性非所先。』可謂誤矣。人性上不可添一物，堯舜所以爲萬世法，亦是率性而已。所謂率性，循天理是也。外邊用計用數，假饒立得功業，只是人欲之私。與聖賢作處，天地懸隔。」

滿文羅馬拼音轉寫：

suduri ejebun i faidangga ulabun de henduhengge, meng k’o, dzeo i ba i niyalma, dz sy i šabi de taciha,, doro hafuka manggi, šurdeme yabume ci gurun i siowan wang be uilehe,, siowan wang baitalame mutehekū ofi, liyang gurun de genehe,, liyang gurun i hūi wang, terei gisun be yabubuhakū, calgari, mudaliyan , dasan baita de tusa akū seme tuwahabi,, tere fonde cin gurun, šang yang be baitalame, cu gurun, wei gurun, u ki be baitalame, ci gurun, sun dz, tiyan gi be baitalame, abkai fejergi, jing undu acara, hetu holboro be kiceme, afara dailarangge be mergen obure de, meng k’o, tang gurun, ioi gurun, ilan jalan jalin i erdemu be fisembume ofi, tuttu isinahale bade acarakū bederefi wan jang ni jergi ursei emgi, irgebun i nomun, dasan i nomun be leoleme, jung ni i gūnin be fisembume, nadan fiyelen mengdz bithe araha sehebi,,

han dz i henduhengge, yoo han, erebe šūn han de ulahabi,, šūn han, erebe ioi han de ulahabi,, ioi han, erebe tang han de ulahabi,, tang han, erebe wen wang, u wang, jeo gung de ulahabi,, wen wang, u wang, jeo gung, kungdz de ulahabi,, kungdz, meng k'o de ulahabi,, meng k'o akū oho manggi, tereci bahafi ulahakūbi,, siyūn dz, yang dz, ilgacibe narhūn akū, leolecibe getuken akū sehebi,, geli henduhengge, meng halangga, bolgo dade bolgo, siyūn dz, yang dz amba bade bolgo gojime, ajige bade icihi bi sehebi,, geli henduhengge, kungdz i doro, amba bime akūnahabi,, dukai šabisa, bireme tuwame wacihiyame same mutehekū ofi, tuttu tacihangge, gemu meimeni banin i hancingge be baha bihe,, amala fakcame samsifi son son i goloi beisei gurun de tefi, geli teisu teisu mutehe babe šabisa de tacibuha de, sekiyen goro ofi, dube ele dendebuhe,, damu meng k'o i teile, dz sy be sefu obuha bihe,, dz sy i tacin dzengdz ci tucikengge ofi, kungdz akū oho ci damu meng k,o i ulan, terei da be bahabi,, tuttu ofi, enduringge niyalmai doro be baime tuwaki serengge oci, urunakū mengdz ci deribumbi sehebi, geli henduhengge, yang dz yūn i gisun, julgei fonde, yang halangga, me halangga i tacin, jugūn de fihekebi,, mengdz gisurehei milarabufi, gehun obuha sehe bihe,, yang halangga, me halangga i tacin yabubuci, tob doro waliyabumbi,, mengdz, udu mergen saisa bicibe tušan be bahakū, untuhun gisun selgiyebuhekū, udu tengkicuke seme, niyececun ojoro aibi,, tuttu seme, terei gisun de akdafi, te i tacire urse, kemuni kung halangga be da arame, gosin jurgan be dele, han i doro be wesihun da i doro be fusihūn obure be sahabi,, terei amba enteheme, amba kooli oci, gemu samsime burubufi aitubuhakū,, efujeme waliyabufi tomsohakū,, inu tanggū minggan de, emke juwan taksiha sehe dabala,, aibe gehun obume mutehe ni,, tuttu seme, neneme aika meng halangga akū bihe bici, gemu hashū adasungga etufi, balai gisun be gisurembihe,, tuttu han ioi bi, kemuni meng halangga be wesihuleme tukiyeme, terei gungge be ioi han ci eberi akū sehengge, erebe kai sehebi,, gūwa, cengdz de, mengdz be kemuni enduringge niyalma seci ombio seme fonjiha de, cengdz i henduhengge, ai gelhun akū terebe uthai enduringge niyalma sembi, tuttu seme, tacin , inu ten i bede isinahabi sehebi, cengdz geli henduhengge, mengdz, enduringgei duka de gungge bisire be, gisurehe seme wajirakū,, jung ni, damu emu gosin sere hergen be gisurehebi,, mengdz, angga neime, uthai gosin jurgan be gisurehebi,, jung ni damu emu mujin be gisurehebi,, mengdz, uthai mujakū sukdun be ujire be gisureme trucibuhebi,, damu ere juwe hergen de, terei gungge umesi ambula sehebi,, geli henduhengge, mengdz be, jalan de amba gungge bi sehengge, terei banin i sain be gisurehe de kai sehebi,, geli henduhengge, mengdz, banin i sain, sukdun be ujire be leolehengge, gemu nenehe enduringge i tucibuhekū ba sehebi,, geli henduhengge, tacire urse, damu erin be ulhire de bi,, aika erin be ulhirakū oci, taciha seme henduci ojorakū,, yan dz, hoilashūn boo de beye sebjelehengge, kungdz i bisire turgun,, mengdz i forgon oci, jalan de umai niyalma akū de, doro be beyede alime gaijarakū oci, adarame ombi sehebi,, geli henduhengge, mengdz de, majige dacun sukdun bi,, dacun sukdun bici, uthai hošonggo durun tuyembumbi,, dacun sukdun de ambula baita be gūtubumbi, yan dz oci, uthai gulu jiramin tereci encu,, yan dz, enduringge niyalmai siden damu ser seme funiyehei gese giyalabuhabi,, mengdz serengge, amba mergen, ilhi enduringge i siramengge kai, gūwa, dacun sukdun be aibide saha sehede, jabuhangge, damu kungdz i gisun de duibuleci, uthai saci ombi,, te bici, juhe, cusile, genggiyen akū sere ba akū,, gu de duibuleci, ini cisui nilgiyan gincihiyan, baktangga iktangga sukdun arbun bi, umai tutala genggiyen elden akū sehebi,,

yang halangga i henduhengge, mengdz emu bithe, damu niyalmai mujilen be tob obukini, niyalma de mujilen be bibure, banin be ujire, turibuhe mujilen be bargiyara be tacibuhabi,, jai gosin jurgan dorolon mergen be leolere de, šar seme gosire, girure ubiyara, marara anahūnjara, urušere wakašara mujilen be deribun obuhabi, miosihon gisun i jobolon ojoro be leolere de, mujilen de banjinaci, terei dasan be efulembi sehe,, ejen be uilere be leolere de, ejen i mujilen i waka be tuwancihiya, ejen be emgeri tob obuha de, gurun toktombi sehe,, minggan hacin i kūbulire, tumen hacin i forgošorongge, damu mujilen ci deribume gisurehebi, niyalma, mujilen be tob obume muteci, baita, yabuci ojorakūngge akū ombi,, amba tacin bithe de, beyebe tuwancihiyara, boo be teksilere, gurun be dasara, abkai fejergi be necin oburengge, terei fulehe, damu mujilen be tob, gūnin be unenggi obure de wajihabi,, mujilen, tob be bahaci, teni banin i sain be sambi,, tuttu ofi, mengdz, ucarahale niyalma de, uthai banin i sain be gisurehebi, eo yang yung šu, elemangga enduringge niyalmai niyalma be tacibure de, banin be nenden obuhakū sehengge, tašaraha seci ombi,, niyalmai banin de emu jaka seme nonggici ojorakū,, yoo han, šūn han i tumen jalan de durun ohongge, inu banin be dahara de wajihabi,, banin be dahabi sehengge, abkai giyan be songkolorongge inu,, tulergi de arga be baitalame, bodogon be baitalame bihei, uthai gungge faššan be bahafi ilibuha seme, damu niyalmai buyen i cisu dabala, enduringge saisa i yabun ci, abka na i gese giyalabuhabi sehebi,,

此序文特色，在彙集諸家對孟子之評論而成篇，包括《史記》、韓愈、程子、楊時，故曰「孟子序說」，滿文譯作：mengdz bithe i šutucin i gisun，即：《孟子》的序之言。雖是彙集，內容亦有條理，可知朱子有所安排。內容分幾點來說明，一、孟子是何人以及成書由來。二、孟子的地位及功績。三、程子對孟子學說及性格之評價。四、《孟子》一書之要旨。

關於第一點，《史記・列傳》言，孟子即「孟軻，騶人也，受業子思之門人。」滿文譯文淺白易懂，與漢文相近，譯作：meng k'o, dzeo i ba i niyalma, dz sy i šabi de taciha；意即：孟軻是騶地的人，向子思的徒弟學習。而孟子著述之動機，與其遭遇有關，依《史記》所述，孟子學成後欲展抱負，卻不爲齊宣王、梁惠王所用，當時「天下方務於合從連衡，以攻伐爲賢」。此句滿文譯作：abkai fejergi, jing undu acara, hetu holboro be kiceme, afara dailarangge be mergen obure de。其中「務於合從連衡」之「務」字，滿文作「kiceme」，爲「kicembi」副動詞形，有「勤」、「用功」之意。而「以攻伐爲賢」之「爲賢」二字，滿文作「mergen obure」，即：使成爲賢，而非漢文「行賢」、「當作賢」、「是賢」等不同之解釋。就滿人角度來理解此句，即：天下正勤著把合縱的連絡橫的，使攻伐者成爲賢達時。天下風氣如此，孟子卻反其道，說唐、虞、三代之德。滿文將「德」譯爲「erdemu」，與漢人之理解頗爲不同，「erdemu」有「德」、「才藝」、「本事」之意涵，非僅止於德行範疇。此係滿漢文化不同，對於字義之理解界定亦不相同。孟子行反道，勢單力薄，「是以所如者不合」。句中「所如者」頗費理解，滿文作「isinahale bade」，即「於凡所到地方」。說明孟子宣揚唐、虞、三代之德，凡所到任何地方皆與人不合。由上述可知，孟子之際遇多坎，欲施展所長，卻不爲齊宣王、梁惠王所用，有遠大的理念，卻不爲人接納，故退而著述，始成《孟子》七篇。

第二點，孟子的地位及功績。此段引韓愈之說，解答了以往不少疑惑。一般論朱熹道統之說有所淵源，即從唐代韓愈而來，但佐證爲何，從未見說明，若不讀〈孟子序說〉，便不知其原有所本。韓愈言道之傳，由堯傳舜，舜傳禹，禹傳湯，湯傳文王、武王、周公，文王、武王、周公傳孔子，孔子傳孟軻，但孟軻死後便不得其傳。此段滿文繙譯，將堯、舜、禹、湯原來單純之音譯字「yoo」、「šūn」、「ioi」、「tang」之後添加一「han」（帝）字，成了「yoo han」、「šūn han」、「ioi han」、「tang han」，由於滿漢文化不同，從滿人的角度來看，單憑音譯字之讀音，無法理解所述爲何。加一「han」字，使滿人一看便知是君主或皇帝。而韓愈人名之譯法，依照漢文「韓子」音譯作「han dz」，同「孔子」作「kungdz」，「孟子」作「mengdz」，即知是對人的尊稱，不易誤判。唯一值得注意之處，便是「韓」音譯「han」，與堯、舜、禹、湯之「han」同音，字形亦相同，爲了區別拼音字與非拼音字，便在拼音字左牙旁加上一點。

其次，何以聖人之道至孟子便不傳？孟子之後雖有荀子、揚雄，韓愈對二者之評價是：「孟氏，醇乎醇者也。荀與揚，大醇而小疵。」此句滿文譯作：meng halangga, bolgo dade bolgo, siyūn dz, yang dz amba bade bolgo gojime, ajige bade icihi bi。意即：孟氏，純淨原本是純淨。荀子、揚子只在大地方純淨，小地方有瑕疵。滿漢句義大致相符，但滿文詮釋的更爲清楚。因此，韓愈認爲孟子得聖人之道極純粹，荀子、揚雄有瑕疵，地位自然不如孟子。而孟子之功績如何？孟子處於戰國諸子百家爭鳴時代，韓愈言：「夫楊墨行，正道廢。孟子雖賢聖，不得位空言無施，雖切何補。」其中「雖切何補」不易理解，滿文譯作：udu tengkicuke seme, niyececun ojoro aibi，意即：（言論）雖然切實，有甚麼裨益。說明楊朱、墨子之說通行，正道被捨棄，孟子雖是聖賢，未得職任，空言無法頒行，所說雖然切實，有甚麼可裨益。孟子所說在當代無法施展，然而韓愈認爲他仍是有功績，也不在大禹之下，因爲至少在唐代，藉著孟子著述，學者們尚知孔子，推崇仁義，知貴王賤霸。

第三點，程子對孟子學說及性格之評價。程子認爲孟子學說已發揮到極盡，孔子說一「仁」字，孟子增爲「仁義」；孔子說一「志」字，孟子擴爲「養氣」。而孟子言「性善」，於世有大功；「養氣」、「性善」之論皆前聖所未發。然而滿人在接觸漢族文化以前，並無此類哲理思想之用語。因此，該如何恰當詮釋？孔子所說之「仁」，《論語・顏淵》中如：

> 顏淵問仁。子曰：「克己復禮爲仁。」
>
> 仲弓問仁。子曰：「己所不欲，勿施於人。」
>
> 樊遲問仁。子曰：「愛人。」

「仁」之意涵除了「愛人」之外，尚有「己所不欲勿施於人」之同理心，以及「克己復禮」以禮自我節制等，而《論語・陽貨》中：

> 子張問仁於孔子。孔子曰：「能行五者於天下，爲仁矣。」請問之。曰：「恭、寬、信、敏、惠。恭則不侮，寬則得眾，信則人任焉，敏則有功，惠則足以使人。」

孔子回答子張問仁，言能實踐恭、寬、信、敏、惠即「爲仁」，滿文將「爲仁」譯爲「gosin ombi」，即「成爲仁」。而「恭」字，滿文作「gungnecuke」，意即「恭敬的」；「寬」，滿文作「onco」，即「寬宏大量的」；「信」，滿文作「akdun」，即「信實、可靠的」；「敏」，滿文作「kicebe」，即「勤奮的」；「惠」，滿文作「fulehun」，即「恩惠」。因此，實踐恭敬、寬容、信實、勤奮、恩惠，即成爲仁。由上可知，孔子所說之「仁」，涵義甚廣，而滿文譯作「gosin」，爲動詞「gosimbi」之名詞化。「gosimbi」有「憐愛」、「施恩」、「嘉惠」、「庇佑」、「寬恕」、「撫恤」之義，比較漢文「仁」的含括範疇，滿文未仍周遍，但比另一字「hairambi」（愛惜、疼愛）更貼近漢文。

其次，孟子之「仁義」，滿文譯作「gosin jurgan」，其中「jurgan」爲多義字，除了「書的行」、「一條之條」、「部院」之外，尚有「義」、「義理」、「節義」之意涵。對於滿人而言，若出現在句子中，須賴上下文判定，不似漢文這般清楚。而孔子所言之「志」，滿文繙作「mujin」，有「志」、「志氣」、「心志」之意，容易理解。但孟子所言「養氣」，內涵甚深，滿文繙作「sukdun be ujimbi」（把氣養）。「sukdun」是指天地萬物的氣、人的氣。孟子所言「氣」，其意義是否如此？〈公孫丑〉中，孟子言：「我善養吾浩然之氣。」公孫丑問孟子曰：「敢問何謂浩然之氣？」孟子回答：

> 難言也。其爲氣也，至大至剛，以直養而無害，則塞于天地之間。其爲氣也，配義與道，無是餒也。是集義所生者，非義襲而取之也。

此段滿文譯作：

> gisureci mangga kai, tere sukdun, umesi amba, umesi ganggan, tob seme ujime efulerakū oci, abka na i sidende fihembi, tere sukdun, jurgan, doro i holbobumbi,, tere akū oci, yadan ombi, ere jurgan be isibuha de banjinahangge dabala, jurgan be jenduken i gaihangge waka,,

滿文語譯：

> 如果說的話，是困難啊！那氣，非常大，非常陽剛，若直接的這樣養著不壞，充滿在天地的中間；那氣，以義、道匹配。若沒有它的話，會變成貧乏的。到達這義時所產生的罷了，不是悄悄地把義取了的。

因此，孟子所言「養氣」之「氣」爲「浩然之氣」，其特質是「至大至剛」、「塞于天地之間」、「配義與道」，是「集義所生」。「浩然之氣」滿文繙作「hoo sere sukdun」，即「所謂浩的氣」；並非以描述氣的形貌來繙譯，而是音譯自漢文。如此一來，便成了專有名詞，不易與他詞混淆。

「性善」滿文作「banin i sain」，「banin」有「性質」、「性情」、「習性」等義，此處指人生來即有之性質，滿文將「性善」譯作「性的善」，表示性尚有非善的成份，而不言性就是善，繙譯切中肯綮。〈孟子序說〉引程子之言，讚揚孟子性善之說有大功於世。「性善」是一種正向的思維，肯定人性中光明的部分，有正向的激勵作用。因此，程子認爲孟子學說之特色在「性善」、「養氣」二者，亦是前聖所未發。

對於孟子性格之評論，程子又以孔子最稱讚的顏回與之相較，他說：「孟子有些英氣。才有英氣，便有圭角，英氣甚害事，如顏子便渾厚不同。」「英氣」，滿文作「dacun sukdun」，其中「dacun」有「銳利」、「敏捷」、「果敢」之意，「dacun sukdun」可說是「英氣」、「銳氣」。而「圭角」滿文作「hošonggo」，即「四角方形」。言孟子有英氣即帶著方角，性格鮮明甚爲害事，不若顏回之渾厚。論聖人，顏回與聖人相距僅毫髮，孟子是大賢，算亞聖。

第四點，《孟子》一書之要旨。此段引北宋理學家楊時之言，說明《孟子》一書要旨在「正人心」，滿文作：niyalmai mujilen be tob obumbi，即：把人的心使成爲正。其方法是「教人存心養性、收其放心」。滿文譯作：niyalma de mujilen be bibure, banin be ujire, turibuhe mujilen be bargiyara be tacibuhabi。即：把存心、養性、收斂游蕩的心教於人。依滿文斷句，「存心」、「養性」是二事，教人存心、養性、收斂游蕩的心，使人心成爲正，便是「正人心」的方法。又以三論爲代表，說明「千變萬化從心上來」。首「論仁、義、禮、智，則以惻隱、羞惡、辭讓、是非之心爲之端。」滿文譯作：gosin jurgan dorolon mergen be leolere de, šar seme gosire, girure ubiyara, marara anahūnjara, urušere wakašara mujilen be deribun obuhabi。意即：談論仁義禮智的時候，把惻然憐愛的、羞愧嫌惡的、推辭的謙讓的、肯定是的責怪不是的心做爲開端。也就是說，孟子論仁時，把惻然憐愛的心做爲開端；論義時，把羞愧嫌惡的心做爲開端；論禮時，把推辭的謙讓的心做爲開端；論智時，把是非的心做爲開端；揭示了從心上做工夫的重要性。次「論邪說之害，則曰：『生於其心，害於其政。』」此句滿文作：miosihon gisun i jobolon ojoro be leolere de, mujilen de banjinaci, terei dasan be efulembi sehe。意即：談論邪說成爲憂患的時候，(孟子)說若生於心的話，會毀壞他的治理。再「論事君，則曰：『格君心之非』，『一正君而國定』。」其中「格君心之非」、「一正君而國定」不易理解。「格君心之非」，滿文作：ejen i mujilen i waka be tuwancihiya。其中「格」繙爲「tuwancihiya」，即「撥正」，意爲把君主的心的過錯撥正。而「一正君而國定」滿文作：ejen be emgeri tob obuha de, gurun toktombi。意即：讓君主已端正的時候，國家將安定；此爲孟子對事君的看法。

以上是就滿文的角度來理解漢文原文，提供另一種詮釋的視域，畢竟透過繙譯，滿人的理解與漢人不盡相同，這也代表著清代滿洲族羣對於漢文化的詮釋建構，亦曾在清代歷史的舞臺上展露其特殊的影響力。

其次，《孟子》與《大學》之間有何關聯？楊時提供了一個合理的解答：「《大學》之脩身、齊家、治國、平天下，其本只是正心、誠意而已。心得其正，然後知性之善，故孟子遇人便道性善。」此說對朱子亦有某種程度之啓發，而將《大學》、《孟子》共同納入《四書》之中。

綜觀上述，朱子彙集諸家之言成序文，並置於書首正文之前，其意義也代表著朱子贊同這些說法，是故此序文頗爲重要。而乾隆朝繙譯滿文時亦未捨此序文，因此解讀此序文有其必要性。對於滿人而言，讀此序文便能掌握《孟子》一書之綱領，對孟子其人其事亦知梗概，不失爲一簡便入門之法。

第四節　滿文繙譯《孟子》之詮釋

一、兩種譯本比較

以下列舉不同時期的滿文繙譯《四書》來進行比較研究，所選擇的是康熙朝清文《日講四書解義》中的《日講孟子解義》，以及乾隆朝《御製繙譯四書》中的《御製繙譯孟子》。何以選擇二者？如第三章及第四章所述，康熙帝爲入關後的第二位皇帝，在位六十一年（1661～1722），自幼即熟讀儒家典籍，一生用功勤奮，熱愛學習各種知識，天文、地理無一不通。親政後實行經筵日講制度，每日與飽學大臣砌磋學問，有所心得便彙集成篇，即爲日講諸書解義，又繙譯成滿文，分別刊刻滿漢文本，頒賜諸臣，通行甚久。當中所譯儒家典籍原文，可謂最具清朝前期滿文之代表性，故加以選擇。而到了乾隆朝時，由於滿人久居漢地，沾染漢俗，滿語滿文漸至生疏，甚至在使用上時常出錯，乾隆帝便開始著手詳考滿文字詞及用法，並加以釐定，一生持續在考察滿漢文對應之文義，陸續頒布「欽定新清語」，使得滿文有所規範，此時期到達了滿文成熟之高峯期。欽定清語後所面臨的問題，便是將從前所譯之滿文典籍重新加以改譯，以符合規範後一致的標準，也便於滿洲子弟學習滿文，《御製繙譯四書》即是此時期最佳範本，直至清末，也未再重譯。因此，若將康熙朝所譯之《四書》與乾隆朝所譯者進行比較，即能了解滿文發展上的變化。在比較之前，先列出漢文原文及兩種滿文繙譯文本完整段落，再提出不同之處加以對照說明，避免見樹不見林之失。

漢文原文：

> 孟子見梁惠王。王曰：「叟，不遠千里而來，亦將有以利吾國乎？」孟子對曰：「王，何必曰利？亦有仁義而已矣。王曰何以利吾國，大夫曰何以利吾家，士、庶人曰何以利吾身；上下交征利，而國危矣！萬乘之國，弒其君者，必千乘之家；千乘之國，弒其君者，

必百乘之家。萬取千焉，千取百焉，不為不多矣；苟為後義而先利，不奪不饜。未有仁而遺其親者也，未有義而後其君者也。王亦曰『仁義』而已矣，何必曰利？」

清文《日講孟子解義》：

mengdz, liyang hūi wang de acanaha manggi, wang hendume, agu, minggan babe goro sehekū jihe be dahame, inu mini gurun de aisi obure babio,, mengdz jabume, wang ainu urunakū aisi be hendumbi, inu gosin jurgan bici wajiha kai,, wang mini gurun de adarame aisi obumbi seme, daifu hafan mini boode adarame aisi obumbi seme, ši, geren niyalma beyede adarame aisi obumbi seme, dergi fejergi ishunde aisi be gainduci, gurun tuksicuke ombikai,, tumen sejen i gurun i ejen be belerengge, urunakū minggan sejen i boo,, minggan sejen i gurun i ejen be belerengge, urunakū tanggū sejen i boo,, tumen de minggan gaijara, minggan de tanggū gaijara be ambula akū seci ojorakū,, unenggi jurgan be amala, aisi be juleri obure oci, durirakūci, elerakū,, gosin ofi ini niyaman be waliyarangge akū,, jurgan ofi ini ejen be amala oburengge akū,, wang inu gosin jurgan seme henduci wajiha, ainu urunakū aisi sembi,,

滿文語譯：

孟子去見梁惠王之後，王說道：老兄，既然未把千里說遠地來了，也有利於我國的地方嗎？孟子回答說：王為何一定要說利，如果也有仁義的話行了啊！王說著，如何成為利於我的國。大夫說著，如何成為利於我的家。士、眾人說著，如何成為利於自己。如果上下彼此齊取利益的話，國變得可畏啊！把萬車之國的君主弒了的，必定是千車的家。把千車之國的君主弒了的，必定是百車的家。於萬取千，於千取百，不可說不多。若真把義置後，把利放前，不奪的話，不滿足。沒有因為仁，將他的親人拋棄了的事。沒有因為義，將他的君主置後的事。若王也這樣說仁義的話就行了，為何一定要稱利？

《御製繙譯孟子》：

mengdz, liyang gurun i hūi wang de acanaha manggi, wang hendume, sakda si, minggan ba be goro sehekū jihe be dahame, inu mini gurun de aisi obure babio,, mengdz jabume, wang, ainu urunakū aisi be hendumbi, inu gosin jurgan bici wajiha kai,, wang, mini gurun de adarame aisi obumbi seme, daifan, mini boode adarame aisi obumbi seme, hafasi, geren niyalma, mini beyede adarame aisi obumbi seme, dergi fejergingge, ishunde aisi be gainduci, gurun tuksicuke ombikai,, tumen sejengge gurun i ejen be belerengge, urunakū minggan sejengge boo,, minggan sejengge gurun i ejen be belerengge, urunakū tanggū sejengge boo,, tumen de, minggan gaijara, minggan de, tanggū gaijara be ambula akū seci ojorakū,, aika jurgan be amala, aisi be juleri obure oci, durirakūci, elerakū,, gosin ofi, ini niyaman be waliyarangge akū,, jurgan ofi, ini ejen be amala oburengge akū,, wang, inu gosin jurgan seme henduci wajiha,, ainu urunakū aisi be hendumbini,,

滿文語譯：

孟子去見梁國的惠王之後，王說道：老叟你，既然未把千里說遠地來了，也有對我國有利益的地方嗎？孟子回答說：王為何一定要說利，如果也有仁義的話行了啊！王說著，如何成為利益我的國。大夫說著，如何成為利益我的家。士、眾人說著，如何成為利益我自己。上下的人，如果彼此齊取利益的話，國變得可畏啊！把有萬車之國的君主所弒了的，必定是有千車的家。把有千車之國的君主弒了的，必定是有百車的家。於萬取千，於千取百，不可說不多。若是把義置後，把利放前，不奪的話，不滿足。沒有因為仁，將他的親人拋棄了的事。沒有因為義，將他的君主置後的事。若王也這樣說仁義的話就行了，為何一定要說利呢？

兩種譯本差異之處對照如下：

（一）孟子見梁惠王。

清文《日講孟子解義》：

mengdz, liyang hūi wang de acanaha manggi,

（孟子去見梁惠王之後）

《御製繙譯孟子》：

mengdz, liyang gurun i hūi wang de acanaha manggi,

（孟子去見梁國的惠王之後）

按：「梁惠王」，清文《日講孟子解義》作「liyang hūi wang」，爲漢文三字音譯，前二字對滿人而言，容易產生混淆，或誤以爲皆係人名。乾隆朝《御製繙譯孟子》改譯作「liyang gurun i hūi wang」，在「liyang」（梁）後增一「gurun」（國），再添屬格「i」（的），意爲「梁國的惠王」，較舊譯詮釋更加清楚。

（二）王曰：「叟，不遠千里而來，亦將有以利吾國乎？」

清文《日講孟子解義》：

wang hendume, agu, minggan babe goro sehekū jihe be dahame, inu mini gurun de aisi obure babio,,

（王說道：老兄，既然未把千里說遠地來了，也有利於我國的地方嗎？）

《御製繙譯孟子》：

wang hendume, sakda si, minggan ba be goro sehekū jihe be dahame, inu mini gurun de aisi obure babio,,

（王說道：老者你，既然未把千里說遠地來了，也有對我國有利益的地方嗎？）

按：

（1）「叟」，清文《日講孟子解義》作「agu」，是對年長男子的尊稱，意爲「老兄」，屬較爲親切之稱法。《御製繙譯孟子》改爲「sakda si」（老者你），用詞較爲文雅。

（2）「minggan ba」（千里）之後所接的介系詞「be」（把），清文《日講孟子解義》中與「ba」（里）字粘合成「babe」，而《御製繙譯孟子》中分開作「ba be」，使得名詞與介系詞之間界限區分清楚。

（三）大夫曰何以利吾家，士、庶人曰何以利吾身；

清文《日講孟子解義》：

daifu hafan mini boode adarame aisi obumbi seme, ši, geren niyalma beyede adarame aisi obumbi seme,

（大夫說著，如何成爲利於我的家。士、眾人說著，如何成爲利於自己。）

《御製繙譯孟子》：

daifan, mini boode adarame aisi obumbi seme, hafasi, geren

niyalma, mini beyede adarame aisi obumbi seme,

（大夫說著，如何成爲利益我的家。士、眾人說著，如何成爲利益我自己。）

按：

（1）「大夫」，清文《日講孟子解義》作「daifu hafan」，前一字「daifu」是漢文「大夫」之音譯，除了官名之外，亦指「醫生」，故在其後置「hafan」（官），表明是大夫之官。而乾隆朝《御製繙譯孟子》中將二字合併成「daifan」，原來的「daifu」就專指「醫生」。

（2）「士」，清文《日講孟子解義》作「ši」，爲漢字音譯，對滿人而言，不易明白所指爲何，《御製繙譯孟子》改譯作「hafasi」，此字係由「hafan」（官）而來，去「n」尾加「si」指人，可知「士」是做官的人。

（3）「何以利吾身」，清文《日講孟子解義》作「beyede adarame aisi obumbi」，言「如何成爲利益自己」，將「吾身」譯爲「beye」，此字有「身」、「自己」之意，而《御製繙譯孟子》在「beye」之前加上「mini」（我的），即「我自身」，更貼近漢文文義。

（四）上下交征利，而國危矣！

清文《日講孟子解義》：

dergi fejergi ishunde aisi be gainduci, gurun tuksicuke ombikai,,

（如果上下彼此齊取利益的話，國變得可畏啊！）

《御製繙譯孟子》：

dergi fejergingge, ishunde aisi be gainduci, gurun tuksicuke ombikai,,

（上下的人，如果彼此齊取利益的話，國變得可畏啊！）

按：「上下」，清文《日講孟子解義》依漢文繙作「dergi fejergi」，語義不甚清楚，容易誤解成方位。《御製繙譯孟子》改作「dergi fejergingge」，在「fejergi」之後添加「ngge」形成代名詞，指人或相關的事物，作爲主詞，句義解釋較清文《日講孟子解義》清楚。

（五）萬乘之國，弒其君者，必千乘之家；

清文《日講孟子解義》：

tumen sejen i gurun i ejen be belerengge, urunakū minggan sejen i boo,,

（把萬車之國的君主弒了的，必定是千車的家。）

《御製繙譯孟子》：

tumen sejengge gurun i ejen be belerengge, urunakū minggan sejengge boo,,

（把有萬車之國的君主弒了的，必定是千車的家。）

按：

（1）「萬乘之國」，清文《日講孟子解義》以屬格的形式表達，在「tumen sejen」（萬車）與「gurun」（國）之間使用屬格「i」（的）。而《御製繙譯孟子》以形容詞的形態表達，在「sejen」（車）之後添加「ngge」，成爲「tumen sejengge」（有萬車的），其後再接「gurun」（國），意即「有萬車的國」，繙譯表達更爲細膩。

（2）「千乘之家」，情形同上，清文《日講孟子解義》以屬格的形式表達，《御製繙譯孟子》以形容詞的形態表達。

（六）苟為後義而先利，不奪不饜。

清文《日講孟子解義》：

unenggi jurgan be amala, aisi be juleri obure oci, durirakūci, elerakū,,

（若眞把義置後，把利放前，則不奪的話，不滿足。）

《御製繙譯孟子》：

aika jurgan be amala, aisi be juleri obure oci, durirakūci, elerakū,,

（若是把義置後，把利放前，則不奪的話，不滿足。）

按：「苟爲後義而先利」之「苟」，清文《日講孟子解義》使用「unenggi」一詞，是「果眞」之意，而《御製繙譯孟子》改爲「aika」（若是），較符合漢文原義。

（七）王亦曰「仁義」而已矣，何必曰利？

清文《日講孟子解義》：

wang inu gosin jurgan seme henduci wajiha, ainu urunakū aisi sembi,,

（若王也這樣說仁義的話就行了，爲何一定要稱利？）

《御製繙譯孟子》：

wang, inu gosin jurgan seme henduci wajiha,, ainu urunakū aisi be hendumbini,,

（若王也這樣說仁義的話就行了，爲何一定要說利呢？）

按：「何必曰利」之「曰利」，清文《日講孟子解義》作「aisi sembi」（說利），「sembi」爲「說」之意。而《御製繙譯孟子》在「aisi」（利）之後置介系詞「be」（把），又將「sembi」改爲「hendumbi」（說），其字尾再添「ni」（呢），加強了語氣，意即「把利說呢」。句義之表達，較清文《日講孟子解義》更細緻。

漢文原文：

孟子見梁惠王，王立於沼上，顧鴻鴈、麋鹿曰：「賢者亦樂此乎？」孟子對曰：「賢者而後樂此，不賢者雖有此，不樂也。詩云：『經始靈臺，經之營之；庶民攻之，不日成之；經始勿亟，庶民子來。王在靈囿，麀鹿攸伏，麀鹿濯濯，白鳥鶴鶴。王在靈沼，於牣魚躍。』文王以民力爲臺爲沼，而民歡樂之，謂其臺曰靈臺，謂其沼曰靈沼，樂其有麋鹿魚鼈。古之人與民偕樂，故能樂也。湯誓曰：『時日害喪，予及女偕亡。』民欲與之偕亡，雖有臺池鳥獸，豈能獨樂哉！」

清文《日講孟子解義》：

mengdz, liyang hūi wang de acanaci, wang omoi jakade ilihabi,, amba niongniyaha mafuta bugū be tuwame hendume, mergen urse inu ede sebjelembio,, mengdz jabume, mergen urse ohode, teni ede sebjelembi,, mergen akū urse udu ere bihe seme sebjelerakū,, ši ging de henduhengge, ferguwecuke tai be miyalime deribufi, miyalire bodoro de, geren irgen weilenjifi, inenggi baibuhakū šanggaha,, weileme deribure de, ume ebšere secibe, geren irgen, juse adali jihe,, wang ferguwecuke kūwaran de geneci, jolo bugū ekisaka deducehebi,, jolo bugū gilmarjambi,, šanggiyan gasha šarišambi,, wang ferguwecuke omo de geneci, ai, nimaha, der seme godombi sehebi,, wen wang, irgen i hūsun i tai omo aracibe, irgen urgun sebjen i tere tai be oci, ferguwecuke tai, tere omo be oci, ferguwecuke omo seme, terei mafuta bugū nimaha aihūma bihede sebjelehebi,, julgei niyalma, irgen i emgi uhei sebjelere de, tuttu sebjeleme mutehebi,, tang ši de henduhengge, ere šun atanggi gukure, bi, sini emgi sasa gukuki sehebi,, irgen sasa gukuki sere de, udu tai omo, gasha, gurgu bihe seme, emhun sebjeleme mutembio,,

滿文語譯：

孟子去見梁惠王時，王已站立在池前。看著大鵝、公鹿說道：智者也因此快樂嗎？孟子回答道：成了智者的時候，才會因此快樂。無智者雖然說有了這些也不快樂。《詩經》上所說的，開始丈量靈臺，丈量籌畫時，眾民來建造，不需一日已完成。開始建造時，雖然說不用急，眾民像兒子一樣的來了。王去靈園時，母鹿安靜的一齊躺臥下來。母鹿閃閃發亮。白鳥閃閃發白。王去到靈池時，啊！魚紛紛跳躍。雖然文王以民力造臺池，百姓喜樂地把那臺稱作是靈臺，把那池稱作是靈池，高興那裏有公鹿、魚、鼈。古代的人，與民一起同樂，所以能夠快樂。〈湯誓〉上所說的，這個太陽幾時亡，我和你一齊共同亡吧！百姓想要一齊亡的時候，雖然有臺、池、鳥、獸，能夠獨自快樂嗎？

《御製繙譯孟子》：

mengdz, liyang gurun i hūi wang de acanaci, wang, omo i jakade ilihabi,, bigan i niongniyaha, suwa buhū be tuwame hendume, mergen urse, inu ede sebjelembio,, mengdz jabume, mergen urse ohode, teni ede sebjelembi,, mergen akū urse udu ere bihe seme sebjelerakū kai,, irgebun i nomun de henduhengge, ferguwecuke karan be siseteme deribufi, tereci sisetembi, tereci bodombi, geren irgen weilenjifi, inenggi baibuhakū šanggaha,, siseteme deribure de, ume ebšere secibe, geren irgen, jusei adali jihe,, han ferguwecuke kūwaran de geneci, jolo buhū ekisaka deducehebi,, jolo buhū, gilmarjambi gilmarjambi,, šanggiyan gasha šarišambi šarišambi,, han ferguwecuke omo de geneci, ai, nimaha, der seme godondumbi sehebi,, wen wang irgen i hūsun i karan araha, omo araha bime, irgen urgun sebjen i tere karan be oci, ferguwecuke karan, tere omo be oci, ferguwecuke omo seme, terei suwa buhū, nimaha, aihūma bihede sebjelehebi,, julgei niyalma, irgen i emgi uhei sebjeleme ofi, tuttu sebjeleme mutehebi,, tang han i fafushūn fiyelen de henduhengge, ere šun atanggi gukure, bi, sini emgi sasa gukuki sehebi,, irgen, sasa gukuki sere bade, udu karan, omo, gasha, gurgu bihe seme, emhun sebjeleme mutembio,,

滿文語譯：

孟子去見梁國的惠王時，王已站立在池前。看著野鵝、梅花鹿說道：智者也因此快樂嗎？孟子回答道：成了智者的時候，才會因此快樂。無智者雖然說有了這些也不快樂啊！《詩經》上所說的，開始略估靈臺，接著從那略估，從那籌畫。眾民來建造後，不需一日已完成。開始略估的時候，雖然說不用急，眾民像兒子一樣的來了。王去靈園時，母鹿安靜的一齊躺臥下來。母鹿閃閃發光閃閃發亮。白鳥閃閃發白閃閃發白。王去到靈池時，啊！魚紛紛一齊跳躍。文王以民力造了臺造了池，而百姓喜樂地把那臺稱作是靈臺，把那池稱作是靈池，高興那裏有梅花鹿、魚、鼈。古代的人，因爲與民一起同樂，所以能夠快樂。湯王的誓篇所說的，這個太陽幾時亡，我和你一齊共同亡吧！對於百姓想要一齊亡的情況，雖然有臺、池、鳥、獸，能夠獨自快樂嗎？

兩種譯本差異之處對照如下：

（一）孟子見梁惠王，

清文《日講孟子解義》：

mengdz, liyang hūi wang de acanaci,

（孟子去見梁惠王時）

《御製繙譯孟子》：

mengdz, liyang gurun i hūi wang de acanaci,

（孟子去見梁國的惠王時）

按：此處漢文與第一章相同，但滿文繙譯卻不一致，可知繙譯時係依其後之敘述而有所變化，並非依照漢文逐字對譯。第一章譯成「孟子去見梁惠王之後」，本章譯爲「孟子去見梁惠王時」。

（二）王立於沼上，顧鴻鴈、麋鹿曰：

清文《日講孟子解義》：

wang omoi jakade ilihabi,, amba niongniyaha mafuta bugū be

tuwame hendume,

（王已站立在池前。看著大鵝、公鹿説道：）

《御製繙譯孟子》：

wang, omo i jakade ilihabi,, bigan i niongniyaha, suwa buhū be tuwame hendume,

（王已站立在池前。看著野鵝、梅花鹿説道：）

按：

（1）「立於沼上」，滿文譯爲「站立在池前」。其中「池前」，滿文作「omo i jakade」，即「池的跟前」，舊譯將所有格「i」（的）與「omo」（池）結合在一起，乾隆朝改譯時分開書寫。依滿文句讀，「王立於沼上」與前句「孟子見梁惠王」屬上下關連之句。滿文作「mengdz, liyang gurun i hūi wang de acanaci, wang, omo i jakade ilihabi」，意即「孟子去見梁國的惠王時，王已站立在池前。」漢文句讀則斷在下句，爲一連續動作。

（2）「鴻鴈」，清文《日講孟子解義》作「amba niongniyaha」，意爲「大鵝」；《御製繙譯孟子》作「bigan i niongniyaha」，指「野的鵝」。由此可知，在清人眼中的鴻鴈，是像鵝一樣的飛禽。「麋鹿」，清文《日講孟子解義》作「mafuta bugū」，即「公鹿」；《御製繙譯孟子》改作「suwa buhū」，意爲「梅花鹿」，與朱熹注解不同。朱注：「鴻，雁之大者。麋，鹿之大者。」朱子僅說「鴻鴈」是「大鴈」，「麋鹿」是「大鹿」，並未言明是何種鴈與鹿。

（三）詩云：經始靈臺，經之營之。

清文《日講孟子解義》：

ši ging de henduhengge, ferguwecuke tai be miyalime deribufi, miyalire bodoro de,

（詩經上所説的，開始丈量靈臺，接著丈量籌畫時，）

《御製繙譯孟子》：

irgebun i nomun de henduhengge, ferguwecuke karan be siseteme deribufi, tereci sisetembi, tereci bodombi,

（詩經上所説的，開始略估靈臺，接著從那略估，從那籌畫。）

按：

（1）「詩」，指的是「詩經」。清文《日講孟子解義》依漢文音譯作「ši ging」，滿人難於理解，《御製繙譯孟子》改譯作「irgebun i nomun」，意爲「詩的經書」。

（2）「靈臺」，清文《日講孟子解義》繙作「ferguwecuke tai」，前一字爲意譯，後一字爲音譯。「ferguwecuke」有「奇異」、「靈」、「妙」之意，《御製繙譯孟子》改譯時保留此字，而將「臺」之音譯「tai」改爲意譯「karan」。

（3）「經始靈臺」之「經」字，清文《日講孟子解義》繙作「miyalime」，意爲「丈量著」。《御製繙譯孟子》作「siseteme」，爲「sisetembi」之副動詞形式，意即「大略辦理著」。朱注：「經，量度也。」可知康熙朝本按朱子注解繙譯，乾隆朝改譯後並未採用朱注。

（4）「經之營之」，清文《日講孟子解義》繙作「miyalire bodoro」（丈量籌畫），《御製繙譯孟子》作「tereci sisetembi, tereci bodombi」（從那略估，從那籌畫），較爲接近漢文原意。

（四）經始勿亟，庶民子來。

清文《日講孟子解義》：

weileme deribure de, ume ebšere secibe, geren irgen, juse adali jihe,,

（開始建造的時候，雖然說不用急，眾民像兒子一樣的來了。）

《御製繙譯孟子》：

siseteme deribure de, ume ebšere secibe, geren irgen, jusei adali jihe,,

（開始略估的時候，雖然說不用急，眾民像兒子一樣的來了。）

按：

（1）「經始勿亟」之「經」，此處清文《日講孟子解義》又繙作「weileme」（建造著），前後譯法並不一致。《御製繙譯孟子》仍用「siseteme」（大略辦理著）。

（2）「庶民子來」，滿文添加「adali」，意爲「像……一樣」，表達出「庶民像子一樣的來」，而乾隆朝繙譯《御製繙譯孟子》時，規範「adali」之前使用「i」。

（五）王在靈囿，麀鹿攸伏。

清文《日講孟子解義》：

wang ferguwecuke kūwaran de geneci, jolo bugū ekisaka deducehebi,,

（王去靈園時，母鹿安靜的一齊躺臥下來。）

《御製繙譯孟子》：

han ferguwecuke kūwaran de geneci, jolo buhū ekisaka deducehebi,,

（王去靈園時，母鹿安靜的一齊躺臥下來。）

按：

（1）「王」，清文《日講孟子解義》依漢文音譯作「wang」；《御製繙譯孟子》改作「han」，原有「汗」、「君主」、「王」、「皇帝」之義，此處取「王」之義。

（2）「麀鹿」，滿文皆繙作「母鹿」，然而字形有所不同，清文《日講孟子解義》作「jolo bugū」，《御製繙譯孟子》作「jolo buhū」，可知早期「鹿」之寫法爲「bugū」用圈，乾隆朝以後改成「buhū」用點。

（六）麀鹿濯濯，白鳥鶴鶴。

清文《日講孟子解義》：

jolo bugū gilmarjambi,, šanggiyan gasha šarišambi,,

（母鹿閃閃發亮。白鳥閃閃發白。）

《御製繙譯孟子》：

jolo buhū, gilmarjambi gilmarjambi,, šanggiyan gasha šarišambi šarišambi,,

（母鹿閃閃發光閃閃發亮。白鳥閃閃發白閃閃發白。）

按：「濯濯」，清文《日講孟子解義》繙作「gilmarjambi」，指「閃閃發亮」。「鶴鶴」，清文《日講孟子解義》繙作「šarišambi」，指「閃閃發白」。《御製繙譯孟子》仿照漢文疊字法，亦將滿文重述一次，形成繙譯上特殊之用法。朱注：「濯濯，肥澤貌。鶴鶴，潔白貌。」二譯均與朱注不同。

（七）王在靈沼，於牣魚躍。

清文《日講孟子解義》：

wang ferguwecuke omo de geneci, ai, nimaha, der seme godombi

（王去到靈池時，啊！魚紛紛跳躍。）

《御製繙譯孟子》：

han ferguwecuke omo de geneci, ai, nimaha, der seme godondumbi

（王去到靈池時，啊！魚紛紛一齊跳躍。）

按：

（1）「於」，滿文均繙作「ai」，表示讚歎聲。朱注：「於，歎美辭。」與朱子注解一致。

（2）「牣」，滿文均譯作「der seme」，指數量多「紛紛」。朱注：「牣，滿也。」與朱子所解不盡相同。

（3）「魚躍」之「躍」，清文《日講孟子解義》作「godombi」，即「跳躍」之意。《御製繙譯孟子》作「godondumbi」，意為「一齊跳躍」，描述更加細膩。

（八）文王以民力為臺為沼，而民歡樂之，謂其臺曰靈臺，謂其沼曰靈沼，樂其有麋鹿魚鼈。

清文《日講孟子解義》：

wen wang, irgen i hūsun i tai omo aracibe, irgen urgun sebjen i tere tai be oci, ferguwecuke tai, tere omo be oci, ferguwecuke omo seme, terei mafuta bugū nimaha aihūma bihede sebjelehebi,,

（雖然文王以民力令造臺池，百姓喜樂地把那臺稱作是靈臺，把那池稱作是靈池，高興那裏有公鹿、魚、鼈。）

《御製繙譯孟子》：

wen wang irgen i hūsun i karan araha, omo araha bime, irgen urgun sebjen i tere karan be oci, ferguwecuke karan, tere omo be oci, ferguwecuke omo seme, terei suwa buhū, nimaha, aihūma bihede sebjelehebi,,

（文王以民力造了臺造了池，而百姓喜樂地把那臺稱作是靈臺，把那池稱作是靈池，高興那裏有梅花鹿、魚、鼈。）

按：

（1）「文王以民力爲臺爲沼」，其中「爲臺爲沼」，清文《日講孟子解義》作「tai omo aracibe」，意即「雖然造臺池」，「aracibe」爲動詞之讓步副動形。《御製繙譯孟子》作「karan araha, omo araha」，意即「造了臺，造了池」，較符合漢文原義。

（2）「而民歡樂之」的「而」字，清文《日講孟子解義》並未恰當地繙出，因前句以「cibe」（雖然）結合動詞命令形「ara」（造），表達出「雖然文王以民力令造臺池，但是百姓歡樂。」《御製繙譯孟子》則以「bime」（而且）置前句尾，表達出「文王以民力造了臺、造了池，而且百姓歡樂。」較符合漢文之義。

（3）「樂其有麋鹿魚鼈」，其中「麋鹿」，清文《日講孟子解義》作「mafuta bugū」，意爲「公鹿」，《御製繙譯孟子》作「suwa buhū」，即「梅花鹿」。

（九）古之人與民偕樂，故能樂也。

清文《日講孟子解義》：

julgei niyalma, irgen i emgi uhei sebjelere de, tuttu sebjeleme mutehebi,,

（古代的人，與民一起同樂時，所以能夠快樂。）

《御製繙譯孟子》：

julgei niyalma, irgen i emgi uhei sebjeleme ofi, tuttu sebjeleme mutehebi,,

（古代的人，因爲與民一起同樂，所以能夠快樂。）

按：「與民偕樂」，清文《日講孟子解義》繙作「irgen i emgi uhei sebjelere de」，可解爲「藉著與民一起同樂」。其中介系詞「de」，除了表示原因之外，亦可表達憑藉著達到目的。而《御製繙譯孟子》繙作「irgen i emgi uhei sebjeleme ofi」較爲清楚，即「因爲與民一起同樂」，句末「ofi」表示原因，詮釋出關連詞「因爲」、「所以」之間的關係，繙譯較佳。

（十）〈湯誓〉曰：「時日害喪，子及女偕亡。」

清文《日講孟子解義》：

tang ši de henduhengge, ere šun atanggi gukure, bi, sini emgi sasa gukuki sehebi,,

（〈湯誓〉上所說的，這個太陽幾時滅亡，我和你一齊共同滅亡吧！）

《御製繙譯孟子》：

tang han i fafushūn fiyelen de henduhengge, ere šun atanggi gukure, bi, sini emgi sasa gukuki sehebi,,

（湯王的誓篇上所說的，這個太陽幾時滅亡，我和你一齊共同滅亡吧！）

按：

（1）「湯誓」，清文《日講孟子解義》作「tang ši」，即漢文音譯，對滿人而言並無意義。《御製繙譯孟子》改譯作「tang han i fafushūn fiyelen」，意即「湯王的誓篇」，明白易懂。

（2）「時日害喪，子及女偕亡」，二譯相同，均作「ere šun atanggi gukure, bi, sini emgi sasa gukuki sehebi。」說明乾隆朝重譯時，認爲舊譯並無不妥之處，故不改動。然而漢文本身亦頗費理解；「時日」，滿文作「ere šun」，即「這個太陽」。朱注：「時，是也。日，指夏桀。」「害喪」，滿文作「atanggi gukure」，即「幾時滅亡」。「害」對應滿文「atanggi」（幾時），與朱子所言「害，何也」相同。「子及女」，滿文作「bi, sini emgi」，意即「我和你一起」。「偕亡」，滿文作「sasa gukuki」，即「齊滅亡吧」。朱注：「此日何時亡乎？若亡，則我寧與之俱亡。」正是此意。

（十一）民欲與之偕亡，雖有臺池鳥獸，豈能獨樂哉！

清文《日講孟子解義》：

irgen sasa gukuki sere de, udu tai, omo, gasha, gurgu bihe seme, emhun sebjeleme mutembio,,

（百姓想要一齊滅亡的時候，雖然有臺、池、鳥、獸，能夠獨自快樂嗎？）

《御製繙譯孟子》：

irgen, sasa gukuki sere bade, udu karan, omo, gasha, gurgu bihe seme, emhun sebjeleme mutembio,,

（對於百姓想要一齊滅亡的情況，雖然有臺、池、鳥、獸，能夠獨自快樂嗎？）

按：

（1）「民欲與之偕亡」，清文《日講孟子解義》作「irgen sasa gukuki sere de」，意爲「百姓想要一齊滅亡的時候」，《御製繙譯孟子》則是在介系詞「de」前添加「ba」，變成「bade」，整句作「irgen, sasa gukuki sere bade」，意即「對於百姓想要一齊滅亡的地方（情況）」，差異頗大。主要是介系詞「de」，可以表示時間、方位、主體動作發生的原因、行爲涉及的對象、藉以達到目的的手段工具等。〔註13〕

（2）「臺」字滿文由音譯改爲意譯，一如前述。

由於兩種滿文譯本《孟子》內容相當龐大，如數列出篇幅甚冗，以上僅試舉前二章爲例，透過仔細比對，亦可明瞭二者之間的差異及改譯後的特

〔註13〕北京滿文書院，《滿文講義》，頁128～130。

色，試分析如後。在字或詞的繙譯方面有以下現象，康熙朝譯本多以音譯字呈現。如「梁惠王」作「liyang hūi wang」，「士」作「ši」，「臺」作「tai」，「詩經」作「ši ging」，「湯誓」作「tang ši」。乾隆朝譯本除了少數專有名詞如「孟子」仍作「mengdz」外，大多改為意譯，即使保留原來之音譯，亦添字描述清楚，使滿人易於明白。全數改譯者如「士」作「hafasi」，「臺」作「karan」，「詩經」作「irgebun i nomun」。增添字者如「梁惠王」作「liyang gurun i hūi wang」，添加「gurun i」（國的），成為「梁國的惠王」；「湯誓」作「tang han i fafushūn fiyelen」，添加「han i fafushūn fiyelen」（王的誓篇），成為「湯王的誓篇」。此外，尚有再造新詞，如「大夫」官名，原來的滿文音譯「daifu」容易和「醫生」混淆，因此在後面加上「hafan」（官），成為「daifu hafan」，乾隆朝時仍覺不妥，又改作新字「daifan」，可知是由前二字合併而來。在句子結構方面，部分介系詞與前字連寫改為分開書寫，如「不遠千里而來」之「千里」，滿文作「minggan ba」，其後接介系詞「be」（把），康熙朝繙譯時連寫成「minggan babe」，乾隆朝改作「minggan ba be」。又如「王立於沼上」之「沼上」，滿文譯作「池的前面」，其中所有格「i」（的），康熙朝繙譯時連寫作「omoi jakade」，乾隆朝改為「omo i jakade」。由前述諸例可知，乾隆朝的繙譯，無論是在字義上或是在句型方面的更改，要比康熙朝所譯者更能掌握信、達、雅的條件，也符合「文以載道」的功能。

上述二章之比較有兩點發現：其一，即使漢文相同，不同處之滿文繙譯未必一致。如「孟子見梁惠王」，清文《日講孟子解義》第一章繙作「mengdz, liyang hūi wang de acanaha manggi」（孟子去見梁惠王之後），第二章繙作「mengdz, liyang hūi wang de acanaci」（孟子一去見梁惠王時）。《御製繙譯孟子》第一章繙作「mengdz, liyang gurun i hūi wang de acanaha manggi」（孟子去見梁國的惠王之後），第二章繙作「mengdz, liyang gurun i hūi wang de acanaci」（孟子一去見梁國的惠王時），句義表達不同，是依上下文義決定而增添介系詞，使得整句意思通暢明白。

其二，由繙譯〈孟子序說〉可知，雖然《御製繙譯孟子》是以朱熹之《孟子集注》為底本，但並未全採朱注。如「經始靈臺」之「經」字，清文《日講孟子解義》繙作「miyalime」（丈量著）。《御製繙譯孟子》作「siseteme」（大略辦理著）。朱注：「經，量度也。」可知康熙朝本按朱子注解繙譯，乾隆朝改譯後並未採用朱注。又如「麀鹿濯濯，白鳥鶴鶴」之「濯濯」，清文

《日講孟子解義》繙作「gilmarjambi」（閃閃發亮）。「鶴鶴」，清文《日講孟子解義》繙作「šarišambi」（閃閃發白）。《御製繙譯孟子》仿照漢文疊字法，亦將滿文重述一次，形成繙譯上特殊之用法。朱注：「濯濯，肥澤貌。鶴鶴，潔白貌。」二譯均與朱注不同。因此，藉由滿文譯本的了解，探尋出多樣而豐富之意涵，漢文與滿文對譯之間，存在著更多的意義。

綜前所述，不同時期的《四書》譯本，保留了滿文本身演變的軌跡，在了解滿文文義時，不得不注意前後期繙譯句型上的變化，以及字義的改變。如「amban」一詞，在現代的《滿和辭典》裏找不到「大」的解釋，而康熙朝的《大清全書》即有二解，一是「臣子」的「臣」，一是「大哉之大」。同樣是康熙朝《清文日講中庸解義》中就有「天地之大」作「abka na i amban」，「大學」作「amba tacikū」，這表示康熙朝繙譯漢字「大」時，「amban」與「amba」兩字皆可使用，但是在使用「amban」時，有時會與「臣子」的意思混淆。乾隆朝釐定新清語後，就將兩字界定清楚。《五體清文鑑》器皿部、大小類，以「amba」對應漢字「大」，設官部二、臣宰類第一，以「amban」對應漢字「大臣」。因此，在看到「amban」時，必須先確認它出現在什麼時期，所傳達的意義是不同的。又如「事君」的「事」滿文，康熙朝用「weilembi」，乾隆朝用「uilembi」，《滿和辭典》上查到兩字都是「事親」，並沒有多作解釋，安雙成所編纂的《滿漢大辭典》上說：「weilembi，事（親），係舊話，與『uilembi』同。」如果我們不知道「欽定新清語」的歷史過程，就不會知道這兩字在使用時期的分野。這件清代公文典藏在遼寧省檔案館藏盛京內務府檔案中，爲抄錄乾隆十五年（1750）八月十七日奉旨：「侍奉主子、父母之『weilembi』的『wei』字，著改用『ui』字，別處仍照舊用『wei』字。」〔註 14〕據此可知，乾隆十五年（1750）八月十七日以後事奉主子、父母改用「uilembi」的原因。

探討不同時期之滿文譯本，更能掌握準確的文義，避免誤判誤解。由於滿文譯本《四書》自始即是滿洲子弟的學習教材，繙譯科考試必讀之命題範疇，滿人在長期薰習之下，究竟帶來何等影響，以下進入第七章討論。

〔註 14〕張虹、程大鯤譯編，〈乾隆朝「欽定新清語」（六）〉，《滿語研究》1999 年第 2 期（總第 29 期），頁 33。

第七章　《四書》對於滿人之啓迪

第一節　道統即治統

《四書》爲朱熹畢生殫精竭力之作，四者關係，以黃榦（1152～1221）爲其所撰〈行狀〉中闡釋最爲清楚，言簡意賅。

> 先生教人，以《大學》、《論》、《孟》、《中庸》爲入道之序，而後及諸經。以爲不先乎《大學》，則無以提綱挈領而盡《論》、《孟》之精微；不參之以《論》、《孟》，則無以融會貫通而極《中庸》之旨趣。然不會其極於《中庸》，則又何以建立大本、經綸大經，而讀天下之書、論天下之事哉？〔註1〕

說明朱熹教人以《大學》、《論語》、《孟子》、《中庸》爲入道之次序，若不先從《大學》開始，即無法提綱挈領領略《論語》、《孟子》之精華，若不參酌《論語》、《孟子》，就無法融會貫通掌握《中庸》的旨趣。所謂《中庸》之旨趣，即在「道統」之傳。朱熹於〈中庸章句序〉中言明，《中庸》之著述目的乃「子思子憂道學之失其傳而作也」。而「道統」之傳，始於堯授舜「允執厥中」，舜又授禹「人心惟微、惟精惟一、允執厥中」，此後成湯、文王、武王、孔子、曾子、子思、孟子一脈相承，孟子之後便失其傳。千百年後，朱熹又推崇其師二程接續「道統」之傳，最終回歸到自身的使命感，因而編定《四書》，成爲儒家「道統」理論之依據。

〔註1〕（宋）黃榦，〈朝奉大夫文華閣待制贈寶謨閣直學士通議大夫謚文朱先生行狀〉，《勉齋集》（景印文淵閣〈四庫全書〉第 1168 冊，臺北：商務印書館，1986），頁 426。

滿人以異族身份入主中原，必須要找到一個合理的解釋，才能解決夷狄是否可以統治中國的問題。清代自康熙帝起特別重視《四書》，其理由或可於康熙十六年（1677）的〈御製日講四書解義序〉中找尋，序云：

> 朕惟天生聖賢作君作師，萬世道統之傳，即萬世治統之所繫也。自堯、舜、禹、湯、文、武之後，而有孔子、曾子、子思、孟子；自《易》、《書》、《詩》、《禮》、《春秋》而外，而有《論語》、《大學》、《中庸》、《孟子》之書。如日月之光昭於天，嶽瀆之流峙於地歟，盛哉！蓋有四子，而後二帝、三王之道傳；有四子之書，而後五經之道備；四子之書，得五經之精意而爲言者也。孔子以生民未有之聖，與列國君、大夫及門弟子論政與學；天德王道之全，脩己治人之要，具在《論語》一書。《學》、《庸》皆孔子之傳，而曾子、子思獨得其宗；明新止善，家國天下之所以齊治平也。性教中和，天地萬物之所以位育九經，達道之所以行也。至于孟子，繼往聖而開來學，闢邪說以正人心，性善、仁義之旨著明於天下。此聖賢訓辭詔後，皆爲萬世生民而作也。道統在是，治統亦在是矣。歷代賢哲之君創業守成，莫不尊崇表章，講明斯道。朕紹祖宗丕基，孳孳求治，留心問學。命儒臣撰爲講義，務使闡發義理，禪益政治，同諸經史進講，經歷寒暑，罔敢間輟。茲已告竣，思與海內臣民共臻至治，特命校刊，用垂永久，爰製序言，弁之簡首。每念厚風俗必先正人心，正人心必先明學術，誠因此編之大義，究先聖之微言，則以此爲化民成俗之方用，期夫一道同風之治，庶幾進於康虞三代文明之盛也夫。〔註2〕

序中首先點明「天生聖賢作君作師，萬世道統之傳，即萬世治統之所繫也。」將聖賢君師的「萬世治統」，連接上「萬世道統」，技巧地結合了「道統」與「治統」二者；承繼「道統」者，亦能實踐在「治統」上。自堯、舜、禹、湯、文、武一脈相承之道，必須藉助孔子、曾子、子思、孟子「四子」，二帝、三王之道始能弘傳；「四子之書」，實扮演著道統傳遞的角色。因此，康熙帝認爲「道統在是，治統亦在是」，並以道統之承繼者自居，因爲「歷代賢哲之君創業守成，莫不尊崇表章，講明斯道。」故其「講明斯道」，傳承此道，藉此昭示統治中國之正當性，取得了自順治帝入關以來，滿人能成爲

〔註2〕《欽定四庫全書》經部，《日講大學解義》〈御製日講四書解義序〉。

中國皇帝的合理性。

康熙帝受到《四書》之啓發，轉爲合理統治中國之說辭，藉著親自作序，附在《日講四書解義》之前，頒予滿漢各官，令其研讀學習，復將《四書》作爲科舉考試指定科目，令天下百姓人人皆知，欲強化「道統即治統」的思維，接受「講明斯道」之君，自能實踐在治理天下百姓上。

如此廣行之餘，思想改造是否生效？據《清實錄》康熙五十六年（1717）十一月二十一日的一段話即可得知，康熙帝召來諸皇子及滿漢大臣說道：

> 自古得天下之正，莫如我朝。太祖、太宗初無取天下之心，嘗兵及京城，諸大臣咸奏云當取。太宗皇帝曰：「明與我國素非和好，今取之甚易，但念中國之主，不忍取也。」後流賊李自成攻破京城，崇禎自縊，臣民相率來迎，乃翦滅闖寇，入承大統。昔項羽起兵攻秦後，天下卒歸於漢。其初，漢高祖一泗上亭長耳。元末陳友諒等並起後，天下卒歸於明。其初，明太祖一皇覺寺僧耳。我朝承席先烈，應天順人、撫有區宇，以此見亂臣賊子，無非爲眞主驅除耳。〔註3〕

在言明「自古得天下之正莫如我朝」的背後，或許當時充斥著滿洲「得天下之不正」的聲音，迫使他必須做出一番解釋。說明天下並非滿人掠奪而來，而是起因於流寇的侵擾。自賊寇李自成攻破京城，使得崇禎皇帝自縊，明朝的臣民相率來迎，滿人是爲了消滅流寇而入承大統，此舉是「應天順人」，得天下實屬正當。若無其他史料佐證，僅憑康熙帝此言，或以爲矯飾之詞。然而清代檔案中，的確有數件奏疏足以證明諸降臣勸取中國。

其一，天聰九年（1635）正月二十三日，張文衡奏云：

> ……臣觀去年在宣大舉動，似謂中國眾大，未易卒圖。不知中國惟有此時可取，彼文武大小官員，俱是錢買的；文的無謀，武的無勇；管軍馬者尅軍錢，造器械者減官錢，軍馬日不聊生，器械不堪實用，兵何必用命？每出征時，反趨勤王，一味搶掠。俗語常云：達子、流賊是梳子，自家兵馬勝如篦子。兵馬如此，雖多何益？況太監專權，好財喜諛，賞罰失人心。在事的好官，也作不得事，未任事的好人，又不肯出頭。上下裏外，通同扯謊，事事俱壞極了。其所以能拒我者，不過大家怕殺怕搶，怕父母妻子失散。倚仗火砲，死守着城池，也只是憑天命的計策，有何本

〔註3〕《清實錄·聖祖仁皇帝實錄》，卷275，康熙五十六年十一月二十一日。

領？此時正好進取。……〔註4〕

此奏疏說盡明朝在政治上及財政上的敗壞和窘境，官心貪婪、民心消極、軍心渙散；上下裏外通同欺瞞，到了「事事俱壞極了」的地步。可悲的是張文衡認爲明朝已無可救藥，還遊說外人拿著武器來攻伐自家人的心態。

其二，天聰九年（1635）二月十五日，副將祖可法奏云：

……臣昔日所慮，皇上大兵若遠行征取，恐長漢家兵來騷擾我國邊界，是心中一事所慮。今長漢去世，兵又投奔皇上，是腹內去一慮也。見今金漢蒙古，兀喇靶魚皮等兵，聚集我國，皇上日有斗金之費，趁此機會，可以前進，以成大位，不負已往勞心矣。遠者北京，乃是天下之首，得了此地，誰敢不服？近者山海，得了屯駐兵馬，全遼不攻自破，自然歸順。若是我兵延緩久矣，南朝年年修練，自有堅固，戰者不足，守者有餘。我兵到彼，預積糧草，駐劄久守，得者易也。機會一失，難遇此時。……〔註5〕

從此奏疏中亦可得知明朝無主，軍心已然瓦解。因此，祖可法勸皇太極進取北京，則天下無人敢不服，而此機會一旦失去，便再難獲得。尤有進者，天聰九年（1635）十二月初九日，張存仁奏請皇太極稱皇帝，奏本云：

奏爲報答明主，預圖安邦治國。汗豢養幾五載矣，觀汗之福澤已應天心，漢官之投奔，插夷之歸，□□已強，是天明明送一箇皇帝與！望汗可順天心而預先打點皇帝的規模可也。汗尚拘拘焉，而不恢宏，以臣愚見，我汗必能成大事也。……今汗國勢已大，何不稱皇帝，而尚曰汗？……〔註6〕

從以上三例可知，康熙帝所言皇太極時諸大臣皆奏云進取北京，確實如此。而順勢取天下之說法，也可視爲想降低漢人的敵對意識。雖然滿人入關取得中國政權，後世矛頭均指向武力之掠奪，持平而論，這些叛臣降將之慫恿助長亦不容忽視。反觀當時宦官爲禍，政治敗壞已極，流寇肆虐，荼毒百姓，使得自詡秉承「天命」之滿人，「應天順人」來到中國，努力學習漢人古書中的聖賢智慧，特別是《四書》，從中領略到「道統即治統」，爲異族統治中國，找到立論之依據。

〔註4〕《史語所藏內閣大庫檔案》，037025-001。

〔註5〕《史語所藏內閣大庫檔案》，166506-001。

〔註6〕李光濤，《明清檔案存眞選輯》初集（臺北：中央研究院歷史語言研究所，1959），頁98～99。

第二節　夷狄之辯

清太祖努爾哈齊（1559～1626）之祖父覺昌安（giocangga）與父親塔克世（taksi），爲建州女眞之首領，明人目之爲「東夷」。《東夷考略．建州》云：「建州於東方夷部，獨居中，據要害。」熊廷弼亦撰有《東夷奴兒哈赤考》，可知在漢人心中，滿人始終是「東夷」身份。自上古以至先秦，華夏族所在之黃河中下游地區稱「中國」，外圍「蠻夷戎狄」稱「四夷」，秦漢以後開拓疆域，「中國」之範圍延伸至長江流域、珠江流域，然而「中國」以外皆視爲蠻荒之地。在漢人的觀點裏，「四夷」是未開化、缺乏文化之人。明朝覆亡，東夷之人竟入主中原，實在難杜悠悠之口。迫使康熙帝不得不在遺詔中強調：「自古得天下之正，莫如我朝。」這句話也反應出一項事實，在滿人入關後八十年，始終有「得天下之不正」音聲。而滿人宿命中的東夷身份，該如何翻轉？

康熙朝的講官，在面對「夷狄之君」講授《四書》時，遇有敏感的「夷狄」字眼，必須有一番不同的詮釋。如《論語．子罕第九》中「子欲居九夷。或曰：『陋，如之何？』子曰：『君子居之，何陋之有？』」《日講四書解義》云：

> 此一章書，是見聖人之化，無分中外也。當時孔子因道不行，欲去中國而之外國，偶發欲居九夷之嘆，亦猶乘桴浮海之意云耳。或人未之，喻以爲眞欲居之，乃問外國習俗鄙陋恐不可居，如之何。孔子曰：「君子居之，自能信其在我，忠恕篤敬，無入而不自得，且天地間人性皆善，道德仁義之氣，禮樂教化之習，安在行於中國者，不可行於外國乎，何陋之有哉？」蓋上下古今東西南朔，此心此理莫不相同，聖人之化，原無分於中外也。〔註7〕

講官們技巧地將「九夷」轉言爲「外國」，使得原本是漢人在種族文化上賦予自我優越的名詞，淡化爲國與國的概念，強調「聖人之化，無分中外」，因此即使是「外國」，君子居之，怎會鄙陋？又如《論語．八佾第三》中「夷狄之有君，不如諸夏之亡也。」《日講四書解義》云：

> 此一章書，是孔子傷春秋之世，臣下僭亂而重嘆之也。孔子曰：「分，莫嚴於君臣。有君，則禮樂以定，征伐以一，尊卑上下以辨。自周室衰微，王綱不振，或以諸侯而凌天子，或以大夫而分

〔註7〕《日講四書解義．日講論語解義》，卷7，頁11。

公室，或以陪臣而執國命；君臣定分，蕩然無存矣。彼外國猶且上統其下，下奉其上，俱知有君長，反不似諸夏之君弱臣強，絕無上下之分也。」此孔子甚言之，以見體統不可一日不正，名分不可一日不嚴。君臣上下各安其位，自然四海永清，萬方效順，中外禔福，君道不萬世永存哉。〔註8〕

同樣將「夷狄」一詞解爲「外國」，原本是「夷」、「夏」種族文化上之鮮明對比，轉爲中外國邦對照，淡化了「華夏」的優越感。然而權力中心以外之地，仍維持著牢不可破之傳統思維，以致有雍正六年（1728）曾靜遊說川陝總督岳鐘琪反清案，牽連出曾靜受到呂留良著作之激勵。而禁書中「夷狄異類，詈如禽獸」之語，點燃了雍正帝心中一把炙烈的怒火，雍正七年（1729）九月，下了一道罕見的長篇論旨加以駁斥，又撰入《大義覺迷錄》之中頒行全國，意使天下百姓別無他想。

諭旨中運用了《孟子．離婁下》之語，爲滿人的「夷狄」身份找到了與聖人同列之依據。

孟子曰：「舜生於諸馮，遷於負夏，卒於鳴條；東夷之人也。文王生於岐周，卒於畢郢，西夷之人也。地之相去也，千有餘里；世之相後也，千有餘歲：得志行乎中國，若合符節。先聖後聖，其揆一也。」

因而說道：

在逆賊等之意，徒謂本朝以滿洲之君，入爲中國之主，妄生此疆彼界之私，遂故爲誣謗詆譏之說耳。不知本朝之爲滿洲，猶中國之有籍貫。舜爲東夷之人，文王爲西夷之人，曾何損於聖德乎？〔註9〕

東夷之舜，西夷之文王，均是有德聖人，其「夷狄」身份，無損於聖德。將滿洲的「東夷」身份，連接上漢人所尊崇之舜與文王，使得鄙視「夷狄」之見，於心有愧。又引《中庸》孔子之語：「故大德者必受命。」爲「夷狄」能成爲中國之皇帝，尋得合理之說辭，直言滿洲是稟承天命而來，故太祖稱己爲「承奉天命養育列國英明大汗」，之後建年號「天命」。〔註10〕此論一發，

〔註8〕《日講四書解義．日講論語解義》，卷4，頁42。

〔註9〕《清實錄．世宗憲皇帝實錄》，卷86，雍正七年九月十二日。

〔註10〕陳捷先，《清太祖努爾哈齊事典》（臺北：遠流出版公司2005），頁34～35。

歷經四年。並未消弭滿漢之間的成見，從雍正十一年（1733）四月所降諭旨中可以得知。

> 朕覽本朝人刊寫書籍，凡遇「胡」、「虜」、「夷」、「狄」等字，每作空白，又或改易形聲。如以「夷」爲「彝」、以「虜」爲「鹵」等字樣，閱之殊不可解。揣其意，蓋妄爲觸本朝之忌諱，曰：避之以明其敬慎。不知此固背理犯義，而不敬之甚者也。夫中外，地所畫之境也。上下，天所定之分也。我朝肇基東海之濱，統一中國，君臨天下。所承之統，堯舜以來，中外一家之統也。所用之人，大小文武，中外一家之人也。所行之政，禮樂征伐，中外一家之政也。內而直隸各省臣民，外而蒙古極邊諸部落，以及海澨山陬、梯航納貢之異域遐方，莫不尊親奉以爲主。乃復追溯開創帝業之地目爲外夷，以爲宜諱於文字之間，是徒辨地境之中外，而竟忘天分之上下，不且背謬已極哉！孟子曰:「舜，東夷之人也。文王，西夷之人也。」舜，古之聖帝，而孟子以爲夷。文王，周室受命之祖，孟子爲周之臣子，亦以文王爲夷。然則「夷」之字義，不過方域之名，目古聖賢，不以爲諱也明矣。至以「虜」之一字加之本朝，尤爲錯謬。《漢書》注云：生得曰虜。爲生得其人，以索貫而拘之也。敵國分隔，互相詆誣；北人以南爲島夷，南人以北爲索虜。漢、唐、宋、元、明，邊烽不息，每於不能臣服之國，反以爲爲虜。我滿洲住東海之濱，並非胡人，亦從未被虜。若言東夷之人則可，況今普天之下，率土皆臣。雖窮邊遠徼，我朝猶不忍以虜視之。惟準噶爾背天逆命，自棄于王化之外，或可呼之爲胡虜耳。至若王師入關，漢人順命，心悅誠服而爲臣子。在本朝雖不忍以漢人爲虜，而律以生得之義，漢人實乃本朝之虜也。乃轉以本朝爲虜而諱言之，豈獨昧於大義，并字義亦失之矣，不亦謬乎？總之，帝王之承天御宇，中外一家也；上下一體也。君父臣子之分，定於天也。尊親忠孝之情，根於性也。未聞臣子之於君父，合體同心，猶可以絲毫形跡相岐視者也。我朝正位建極，百年於茲矣。列聖相承，功德隆盛。迨世祖章皇帝入撫中夏，救斯民於水火而登之衽席，仁心仁政，洋溢中國。聖祖仁章帝臨御六十餘年，深仁厚澤，淪肌浹髓。中國之聖主，自堯舜以來，能倫比者幾幾？朕以涼德，纘承統緒，勤求治理，勉效祖考。雖未

能跂及萬一，然十載之秉公矢誠，朗如天日。滿漢蒙古，竝無歧視，此心久爲臣民所共曉矣。夫滿漢名色，猶直省之各有籍貫也。文移字迹，未便混同，初非留此，以爲中外之分別，乃昧於君臣之義者，不體列聖撫育中外，廓然大公之盛心，猶泥滿漢之形迹，於文藝紀載間，刪改「夷」、「虜」諸字，以避忌諱。將以此爲臣子之尊敬君父乎？不知即此一念，已犯侮慢大不敬之罪，而不可逭矣。此皆始作之大奸大逆譏訕之辭，後人由之而不覺淺，夫寡識至於如此。朕於《大義覺迷錄》中，曾經詳悉開導，實憫天下士民無知，而自蹈於大罪，想天下士民今已深悉，茲見書籍避忌之謬妄，重爲反覆曉諭。嗣後臨文作字及刊刻書籍，如仍蹈前轍，將此等字樣空白及更換者，照大不敬律治罪。各省該督撫學政有司，欽遵張揭告示，窮鄉僻壤，咸使聞知。其從前書籍，若一槩責令塡補更換，恐卷帙繁多，或有遺漏。而不肖官吏，遂借不遵功令之名，致滋擾累，著一併曉諭。有情願塡補更換者，聽其自爲之。特諭。〔註 11〕

《大義覺迷錄》頒行後，使得百姓心中畏懼，唯恐觸及當朝忌諱，刊寫書籍遇有「胡」、「虜」、「夷」、「狄」之類字眼，想盡辦法用空白或改易形聲避之，反令雍正帝認爲是大不敬而加以駁斥。此時滿洲被視爲「夷」之問題，已豁然可解，雍正帝認爲「夷」只不過是方域之名，不須避諱，允許滿洲被稱爲「東夷」。最令他不滿的是被稱爲「虜」，「虜」是關乎勝敗之俘虜。直言：「我滿洲住東海之濱，並非胡人，亦從未被虜。」而反詰道：「漢人實乃本朝之虜也，乃轉以本朝爲虜而諱言之，豈獨昧於大義，並字義亦失之矣，不亦謬乎？」因此下令此後臨文作字及刊刻書籍，如果再將此類字樣空白及更換者，照「大不敬律」治罪。

值得注意者，雍正帝再次述及滿洲所承之統，係「堯舜以來，中外一家之統也。」又爲滿洲入主中原進行辯護道：「世祖章皇帝入撫中夏，救斯民於水火而登之衽席，仁心仁政，洋溢中國。聖祖仁章帝臨御六十餘年，深仁厚澤，淪肌浹髓。中國之聖主，自堯舜以來，能倫比者幾幾？」其中「救斯民於水火」，語出《孟子・滕文公下》，「仁心仁政」思想亦受到孔孟學說之影響。總之，雍正帝經由《四書》之啓發，巧妙地運用書中聖賢之語來反駁，

〔註 11〕參《史語所藏內閣大庫檔案》，127538-001，本件內容係刻版印刷，雖見於《清實錄・世宗憲皇帝實錄》，卷 130，雍正十一年四月二十八日，但內容有出入。

不可不謂之高明。而「東夷」的身份，不再令其自慚形穢，反而是承繼「堯舜之統」的證明。

第三節　忠孝仁義信五德目

《異域錄》是康熙年間圖麗琛（tulišen，1667～1740）出使土爾扈特（turgūt）之遊歷見聞，書中錄有康熙五十一年（1712）四月二十二日諭旨，康熙帝指示他見到鄂羅斯國察罕汗時，應如何回覆對方所提問題。

> 見察罕汗時，如問中國何所尊尚，但言我國皆以忠、孝、仁、義、信爲主，崇重尊行，治國守身，俱以此爲根本，雖利害當前，亦固守此數者，寧死弗憚，不渝其道，既今人各有祭祀禱祝之事，然身不行善，不以忠孝仁義信爲根本，雖祈禱何益？我國咸以忠孝仁義信爲根本，崇尚尊行，所以我國無干戈，無重刑，安享太平已久。〔註12〕

此段滿文作：

> cagan han be acaha manggi, suweni gurun ai be wesihun obuhabi seme fonjici, damu meni gurun i banjire doro, tondo, hiyoošun, gosin, jurgan, akdun be da obufi, ujeleme dahame yabumbi, gurun be dasaci inu ere, beyebe tuwakiyaci inu ere hacin be fulehe obuhabi, udu ergen beye de isinara baita de teisulebucibe, inu ere udu hacin be tuwakiyame, buceci bucere dabala, gelere ba akū, ere doro be ainaha seme halarakū, te bici, meni meni emu hacin i juktere jalbarime bairengge bi, beye sithūme sain be yaburakū, tondo, hiyoošun, gosin, jurgan, akdun be fulehe da obufi yaburakū bime, udu jalbarime baiha seme inu ai baita, meni gurun urui tondo, hiyoošun, gosin, jurgan, akdun be fulehe da obufi, wesihuleme yabume ofi, meni gurun de cooha dain akū, ujen fafun akū, umesi elhe taifin i banjime aniya goidaha,

當中述及康熙帝對於中國德性價值之認知：「忠」、「孝」、「仁」、「義」、「信」五者，滿文繙作「tondo」（忠），「hiyoošun」（孝），「gosin」（仁），「jurgan」

〔註12〕莊吉發，《滿漢異域錄校注》（臺北：文史哲出版社，1983），頁11～12。

（義），「akdun」（信），到了乾隆朝「欽定清語」後，有些什麼變化？滿人所認知的「tondo」、「hiyoošun」、「gosin」、「jurgan」、「akdun」，與漢文之「忠」、「孝」、「仁」、「義」、「信」，在意義上是否一致？

一、tondo

康熙二十二年（1683）刊行之《大清全書》，將「tondo」釋爲「公、忠、正、直、矢公、從公」等義。而康熙四十七年（1708）成書之《御製清文鑑》歸在「niyalmai šošohon」（人部）「tondo bolgo i hacin」（忠清類）：〔註 13〕

> tondo, amban oho niyalma, unenggi gūnin i ejen be weilere be, tondo sembi,, luwen ioi bithede, amban, ejen be weilembi sehebi,, geli cisu akū be, inu tondo sembi,, geli yaya jaka waiku akū be, inu tondo sembi,, 〔註 14〕
>
> 語譯：tondo，爲臣的人，誠心地侍奉君主，叫做 tondo（忠）。《論語》：臣侍君以忠。又，無私也叫做 tondo（公）。又，凡物無歪也叫做 tondo（直）。

此外，《御製清文鑑》中「tetun jaka i šošohon」（器皿部）「eiten jaka i giru muru i hacin」（諸物形狀類）亦見「tondo」條。

> tondo, yaya jaka waiku akū be, tondo sembi,, 〔註 15〕
>
> 語譯：tondo，凡物無歪，叫做 tondo（直）。

因此，康熙朝所認知的「tondo」，依據《御製清文鑑》有「忠」、「公」、「直」之義，以及《大清全書》上的「正」、「矢公」、「從公」等義。到了乾隆朝後期的《五體清文鑑》，在性情類之「tondo」，對應的漢文是「公」；在忠清類之「tondo」，對應的漢文是「忠」；在諸物形狀類之「tondo」，對應的漢文是「直」，其下均無註解文字。而乾隆三十六年（1771）編纂之《御製增訂清文鑑》，每字之下均有滿文註解，並無漢文對譯。

〔註 13〕有關《御製清文鑑》之分類，參江橋，《康熙《御製清文鑑》研究》（北京：燕山出版社，2001），頁 34～67。

〔註 14〕《御製清文鑑》，收入《阿爾泰語資料集》第 3 輯（大邱：曉星女子大學出版部，1978），頁 173。

〔註 15〕《御製清文鑑》，收入《阿爾泰語資料集》第 3 輯，頁 413。

圖 7-1　「tondo」之不同解釋

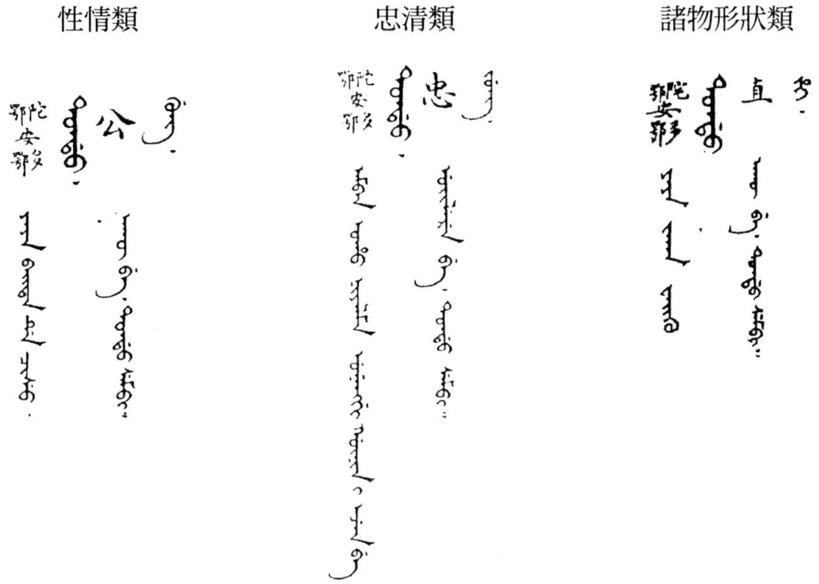

性情類　忠清類　諸物形狀類

資料來源：《御製增訂清文鑑》

性情類：

陀鄂安多鄂（漢文拼讀滿字音）tondo 公 gung（滿文拼讀漢字音）：

yaya baita de cisu akū be, tondo sembi,,

語譯：凡事無私，叫做公。

忠清類：

陀鄂安多鄂（漢文拼讀滿字音）tondo 忠 jung（滿文拼讀漢字音）：

amban oho niyalma, unenggi gūnin i ejen be uilere be, tondo sembi,,

語譯：爲臣的人，誠心地侍奉君主，叫做忠。

諸物形狀類：

陀鄂安多鄂（漢文拼讀滿字音）tondo 直 jy（滿文拼讀漢字音）：

yaya jaka waiku akū be, tondo sembi,,

語譯：凡物無歪，叫做直。

若將乾隆朝《御製增訂清文鑑》與康熙朝《御製清文鑑》相互對照，滿文註解幾乎一致，僅在「tondo」釋爲「忠」之註解有一字之差，即「侍奉」一詞。《御製清文鑑》原用「weilere」，《御製增訂清文鑑》改爲「uilere」，係欽定清語之故。而乾隆五十一年（1786）刊行的《清文總彙》，對於「tondo」之解釋有：公私之公、正直之正、矢公、忠孝之忠、直彎之直、正歪之正。因此，滿人對於「tondo」的認知，不止於誠心侍奉君主的「忠」，尚有凡事無私的「公」、正直的「正」、直彎的「直」等，與漢人所理解字義範圍單純之「忠」字，是有差距。

二、hiyoošun

《大清全書》釋「hiyoošun」爲「孝順」，係漢字音譯。《御製清文鑑》歸在「niyalmai šošohon」（人部）「hiyoošulara ujire hacin」（孝養類）：

> hiyoošun, ama eme be gingguleme weilere be, hiyoošun sembi,, hiyoošun serengge, eiten yabun i nenden,, mengdz bithede, yoo šūn i doro, hiyoošun deocin de wajihabi sehebi,,〔註16〕
>
> 語譯：hiyoošun，恭敬地侍奉父母，叫做 hiyoošun（孝順）。所謂的孝順，一切品行之先。《孟子》：堯舜之道，孝弟而已矣。

由此看來，康熙朝解釋「hiyoošun」之定義清楚，即恭敬地侍奉父母。到了乾隆朝《御製增訂清文鑑》，同樣也歸入孝養類，而將「hiyoošun」定爲「孝」字，其註解如下：

圖 7-2　「hiyoošun」定為「孝」

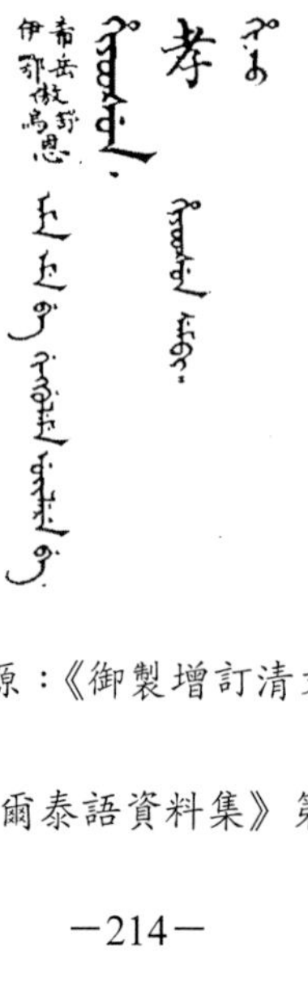

資料來源：《御製增訂清文鑑》

〔註16〕《御製清文鑑》，收入《阿爾泰語資料集》第3輯，頁170。

希伊岳鄂傚舒烏恩（漢文拼讀滿字音）hiyoošun 孝 hiyoo（滿文拼讀漢字音）

ama eme be gingguleme uilere be, hiyoošun sembi,,

語譯：恭敬地侍奉父母，叫做孝。

若將康熙朝與乾隆朝註解加以比較，可知二者定義相同，只差在「侍奉」一詞，如上一則例子，康熙朝用「weilere」，乾隆朝依欽定清語改爲「uilere」。又，《五體清文鑑》將「hiyoošun」歸入人部孝養類，其下對應漢字爲「孝」，未有註解；《清文總彙》僅將「hiyoošun」釋爲「孝順」。可知滿文「hiyoošun」與漢文「孝」或「孝順」，意義上是一致的。

三、gosin

康熙朝《大清全書》將「gosin」釋爲「仁德之仁」，此字係由動詞「gosimbi」而來，有「愛、憐、恤、軫、慈」等義。《御製清文鑑》將「gosin」歸入「niyalmai šošohon」（人部）「gosin jurgan i hacin」（仁義類）：

gosin, abkai fejergi eiten ergengge, orho moo de isitala jilame hairara be, gosin sembi,, luwen ioi bithede, gosingga urse jalafun sehebi,,

語譯：仁，慈愛憐惜天下一切生靈，乃至草木，叫做仁。《論語》：仁者壽。

《御製增訂清文鑑》之註解與《御製清文鑑》相同，只是未引《論語》「仁者壽」一句。而《五體清文鑑》「gosin」下對應漢字爲「仁」，《清文總彙》釋「gosin」爲「仁德之仁」。因此，滿人所理解之「仁」，是慈愛憐惜天下一切生靈，乃至草木。

四、jurgan

《大清全書》將「jurgan」釋爲「仁義之義、行家之行、部院之部」。《御製清文鑑》歸入「niyalmai šošohon」（人部）「gosin jurgan i hacin」（仁義類）：

jurgan, niyalmai yabuci acara giyan be, jurgan sembi,, mengdz bithede, jurgan serengge niyalmai tob jugūn sehebi,, jai amba yamun be inu jurgan sembi,, geli šuwe emu justan be, inu jurgan sembi,,

語譯：jurgan，把人所應行的道理，叫做 jurgan（義）。《孟子》：義，人之正路也。再，大的衙門也叫做 jurgan（部）。又，直直一條也叫做 jurgan（行）。

此外，《御製清文鑑》中「tere tomoro šošohon」（居處部）「gung diyan i hacin」（宮殿類）亦見「jurgan」條。

> jurgan, siden i baita be icihiyara amba yamun be, jurgan sembi,,
> 語譯：部，辦理公務的大衙門，叫做部。

因此，康熙朝對於「jurgan」的解釋，有人所應行的道理「義」，辦理公務的大衙門「部」，以及直直一條的「行」。到了乾隆朝《御製增訂清文鑑》，將「jurgan」歸入人部二仁義類之「義」，文學部書類第八之「行」，居處部二部院類之「部」。

圖 7-3　「jurgan」之不同解釋

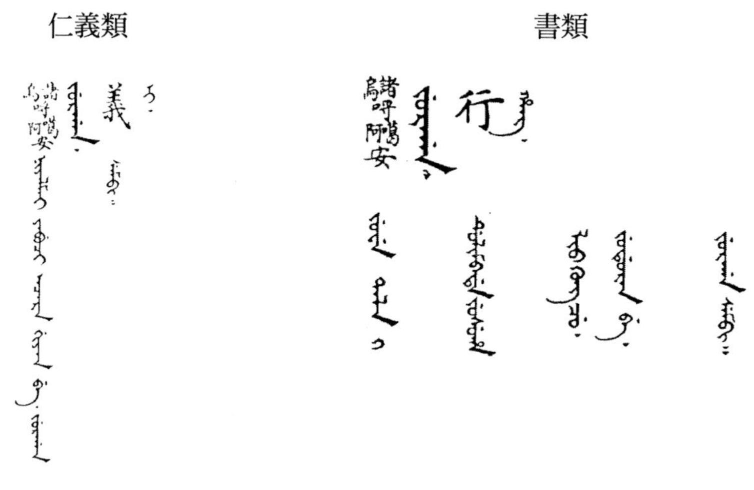

部院類

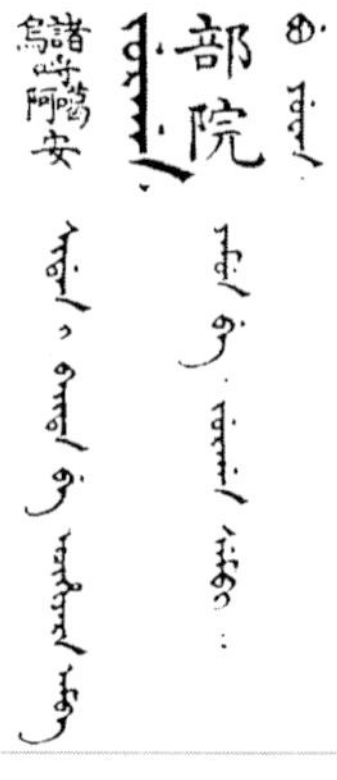

資料來源：《御製增訂清文鑑》

仁義類：

諸烏呼噶阿安（漢文拼讀滿字音）jurgan 義 i（滿文拼讀漢字音）：

niyalmai yabuci acara giyan be, jurgan sembi,,

語譯：把人所應行的道理，叫做義。

書類：

諸烏呼噶阿安（漢文拼讀滿字音）jurgan 行 hang（滿文拼讀漢字音）：

juwe tala i dulimbade jusuha lio kung cu, juduran be, jurgan sembi,,

語譯：把二行中間畫直線的留空處和線條，叫做行。

部院類：

諸烏呼噶阿安（漢文拼讀滿字音）jurgan 部院 bu yuwan（滿文拼讀漢字音）：

siden i baita be icihiyara amba yamun be, jurgan sembi,,

語譯：辦理公務的大衙門，叫做部。

比較二朝註釋差異，《御製增訂清文鑑》除了「行」的解釋再詳述外，「義」與「部」之註解和《御製清文鑑》相同，一字未更改。而《五體清文鑑》將「jurgan」歸入人部二仁義類，釋爲「義」；文學部書類第八，釋爲「行」；居處部二部院類，釋爲「部院」，比康熙朝多增一「院」字。至乾隆五十一年（1786）的《清文總彙》，釋「jurgan」有「一條之條、仁義之義、部院之部、字行之行、寫清字所畫鉛行、竟直」。對於滿人來說，「jurgan」的字義是豐富的，作漢字「仁義」之「義」解，僅是其中之一，在使用上須加判定。

五、akdun

康熙朝之《大清全書》將「akdun」釋爲「信、堅固」。《御製清文鑑》將「akdun」歸入「coohai gung ni šošohon」（武功部）「gabtara hacin」（步射類）：

akdun, beri mangga, oho šumin aššarakū agūra tucire sain be, akdun sembi,,

語譯：結實，弓硬，射箭膈肢窩深不動豹尾鎗出的好，叫做結實。

以及「niyalmai šošohon」（人部）「ujen nomhon i hacin」（厚重類）：

akdun, gisun yabun teng seme, juwederakū be, akdun sembi,, luwen ioi bithede, tondo akdun be da obu sehebi,, jai beki fili be, inu akdun sembi,, geli tuwakiyaha belhehe teksin cira furdan kamni haksan hafirahūn be, inu akdun sembi,,

語譯：akdun，言語行爲堅決，不模棱兩可，叫做 akdun（信）。《論語》：主忠信。再，堅固著實，也叫做 akdun（結實）。又，守備整齊強壯關隘險巇，也叫做 akdun（堅固）。

此外，又見「weilere arara šošohon」（營造部）「weilere arara hacin」（營造類）：

akdun, yaya weilehe arahangge beki silemin be, akdun sembi,,

語譯：結實，諸凡所營造的堅固耐久，叫做結實。

尚有「ulha ujima i šošohon」（牲畜部）「morin ulha i hacin」馬匹類）：

akdun, ujen be etere buldurirakū morin be, akdun sembi,,

語譯：結實，能負重不失前蹄的馬，叫做結實。

可知康熙朝對於「akdun」之解釋，在人的德性方面有「信」；在人的技藝方面有弓硬的「結實」，善使豹尾鎗的「結實」；在營造方面有建造的「結實」；在馬匹方面有負重不失前蹄的「結實」；以及關隘「堅固」等義。到了乾隆朝《御製增訂清文鑑》將「akdun」歸入武功部步射類的「結實」、人部厚重類的「信實」、營造部營造類的「結實」、牲畜部馬匹類的「結實」。

圖 7-4 「akdun」之不同解釋

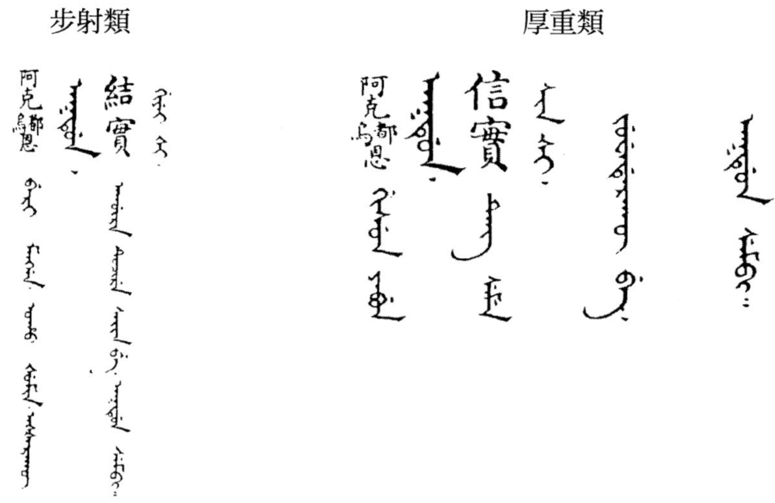

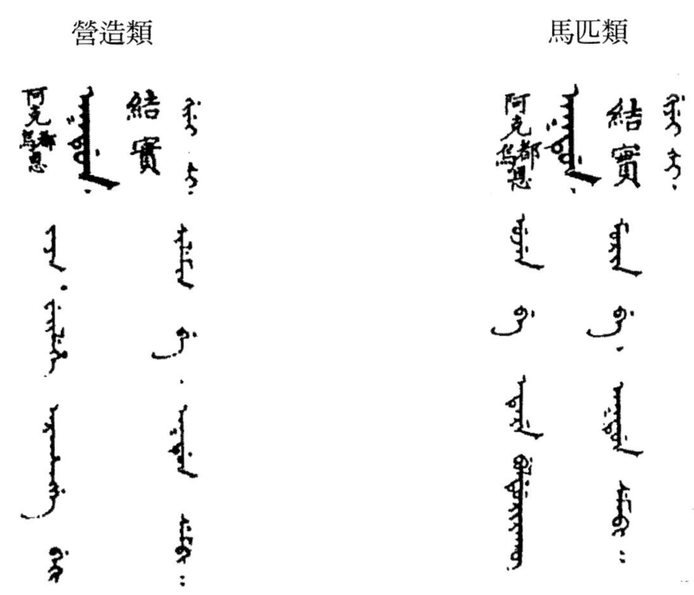

資料來源：《御製增訂清文鑑》

步射類：

阿克都烏恩（漢文拼讀滿字音）akdun 結實 giyei ši（滿文拼讀漢字音）：

beri mangga, oho šumin aššarakū agūra tucire sain be, akdun sembi,,

語譯：弓硬，射箭膈肢窩深不動，豹尾鎗出的好，叫做結實。

厚重類：

阿克都烏恩（漢文拼讀滿字音）akdun 信實 sin ši（滿文拼讀漢字音）：

gisun yabun teng seme, juwederakū be, akdun sembi,,

語譯：言語行爲堅決，不模棱兩可，叫做信實。

營造類：

阿克都烏恩（漢文拼讀滿字音）akdun 結實 giyei ši（滿文拼讀漢字音）：

yaya weilehe arahangge beki silemin be, akdun sembi,,

語譯：諸凡所營造的堅固耐久，叫做結實。

馬匹類：

阿克都烏恩（漢文拼讀滿字音）akdun 結實 giyei ši（滿文拼讀漢字音）：

ujen be etere bulduriraku morin be, akdun sembi,,

語譯：能負重不失前蹄的馬，叫做結實。

而《五體清文鑑》「akdun」在武功部步射類對應的漢字是「結實」、人部厚重類對應的漢字是「信實」、營造部營造類對應的漢字是「結實」、牲畜部馬匹類對應的漢字是「結實」，與《御製增訂清文鑑》一致。乾隆五十一年（1786）刊行的《清文總彙》釋「akdun」爲「固守城池關津之固、信、堅固、箭射的結實、不打前失不軟的結實馬騾等牲口之結實」。可知滿人對於「akdun」之理解多半與「結實」、「堅固」有關，使用在人的品德上時，自然很容易連結上「信實」。

以上由滿文本身字義來看，「tondo」、「hiyoošun」、「gosin」、「jurgan」、「akdun」等字之字義皆是多重的，不似漢字明確單純，不同的意義使用不同的詞彙加以區別。而康熙朝《御製清文鑑》在解釋「tondo」（忠）、「hiyoošun」（孝）、「gosin」（仁）、「jurgan」（義）、「akdun」（信）時，皆列舉《論語》及《孟子》之例子來說明。如《論語》：臣侍君以忠。《孟子》：堯舜之道，孝弟而已矣。《論語》：仁者壽。《孟子》：義，人之正路也。《論語》：主忠信。表示「tondo」、「hiyoošun」、「gosin」、「jurgan」、「akdun」解爲德目時是有所依據，適足以說明康熙帝所言中國尊尚的五種德目：「忠」、「孝」、「仁」、「義」、「信」，與《四書》中之《論語》、《孟子》關係密切。因此，《四書》對於滿人之啓發，不可不謂重要。康熙帝於〈御製日講四書解義序〉中言，《論語》是「修己治人之要」，《大學》能「明新止善，家國天下之所以齊治平也。」《中庸》是「性教中和，天地萬物之所以位育，九經達道之所以行也。」《孟子》是「繼往聖而開來學，闢邪說以正人心，性善仁義之旨，著明於天下。」其所以有此甚深體會，皆是日積月累勤習的工夫。

康熙帝是清代諸帝中最勤學與博學者，自幼即熟讀漢文典籍，曾言：「朕自五齡即知讀書，八齡踐祚，輒以《學》、《庸》訓詁詢之左右，求得大意而後愉快。」〔註 17〕親政之初，即言：「帝王勤求治理，必稽古典學，以資啓沃

〔註 17〕《康熙起居注》第 2 冊，頁 1249。

之功。」〔註 18〕因此他勤於讀書，亦知個中趣味。說道：「朕聽政之暇，即於宮中披閱典籍，殊覺義理無窮，樂此不疲。」〔註 19〕自設立日講後，對於《四書》更加熟悉，曾云：「《四書》屢經講讀，朕心業已熟曉。」〔註 20〕至於求知之目的，在於付諸實踐，其云：「明理最是緊要，朕平日讀書窮理，總是講要求治道，見諸措施。故明理之後，又須實行，不行，徒空談耳。」〔註 21〕將儒家之智慧用於治道，因此成就盛世。其對於儒家文化深切之體會，點出忠、孝、仁、義、信五德目爲中國崇尚之代表實出有因，《四書》義理所發揮之影響力，在清代扮演著極爲重要的角色。

〔註 18〕《聖祖仁皇帝聖訓》卷 5，《欽定四庫全書》史部．詔令奏議類。

〔註 19〕《聖祖仁皇帝聖訓》卷 5。

〔註 20〕《聖祖仁皇帝聖訓》卷 5。

〔註 21〕莊吉發，《御門聽政》（臺北：文史哲出版社，1999），頁 185。

第八章　結　論

滿族自努爾哈齊崛起之後，創立屬於自己的文字，歷經數百年之淬鍊，得以更臻精熟，表現出深度的文以載道能力。其中莫不歸功於繙譯漢文典籍所帶來文化、思想上之刺激與反省，特別是儒家典籍之基礎《四書》。

初創之滿文字彙不足，與漢人往來時，遇到許多漢文才有的辭彙，只能代以音譯。入關後的康熙帝，自幼誦讀漢文《四書》、《五經》，孜孜好學，勤納新知，成爲清代最博學的皇帝。康熙十年（1671）開啓日講之制，經年不歇。首由《四書》趨入，講畢彙集講章，於康熙十六年（1677）刊刻《日講四書解義》滿漢文本，分賜諸臣，起薰習教化之功。由於其學問根柢深厚，同時能掌握滿、漢文義，自然注意到兩種文字之間的對應關係，因此能運用在譯書事業上。此時期譯書頗豐，諸如康熙十一年（1672）《大學衍義》（amba tacin i jurgan be badarambuha bithe）、康熙十六年（1677）《日講四書解義》（inenggidari giyangnaha sy šu i jurgan be suhe bithe）、康熙十九年（1680）《日講書經解義》（inenggidari giyangnaha šu ging ni jurgan be suhe bithe）、康熙二十二年（1683）《日講易經解義》（inenggidari giyangnaha i ging ni jurgan be suhe bithe）、康熙二十六年（1687）《御選古文淵鑑》（gu wen yuwan giyan bithe）、康熙三十年（1691）《資治通鑑綱目》（dzi jy tung giyang g'ang mu bithe）等十餘種，將漢文典籍中之知識與智慧，經由繙譯傳遞予滿人。雍正帝時，著手規範滿漢官職名號，如八旗佐領兩百零八字名號，皆詳考其義，審愼酌定，使得滿漢官員有所遵循。到了乾隆帝時，由於滿洲子弟日常生活須與多數漢人往來，使用漢語機會增加，常年疏於清語、文字，在使用上自然錯誤百出，致使滿語、滿文傳承出現危機。這種文化自覺，促使乾隆帝益加重視滿文之規範及如何傳承延續下去。起初是由釐定各機關衙門滿漢名稱開始，繼之草木鳥獸，一切有關人之言行舉止所涉及之範疇皆加以釐定，終其一生皆在進行。而各衙門為便利辦公之故，各自抄錄成《欽定清語》一書，錄寫年份不一，內容多寡不一，唯未見官方刊行，係因《御製清文鑑》已收錄之故。乾隆朝「欽定清語」後，為求全國使用上一致，須將從前已譯之漢書，以「欽定清語」標準重新加以繙譯，首先進行的便是《四書》，以用為學校講授教材，宗室、八旗考試用書，並收入《四庫全書》中，作為繙譯之範本，往後歷朝皆據此為標準進行滿文繙譯漢文典籍。而此範本至清末光緒朝亦未再予新譯，因此可以作為階段性之繙譯代表。探討滿文譯本《四書》，有以下三點意義：

一、滿文譯本《四書》在清代語音學上的意義

無論是前期譯本或是乾隆朝重譯本，皆可發現為數不少之人名、地名、朝代等漢字音譯，與今日漢語發音明顯有別。諸如《御製繙譯大學》中，「孟獻子」讀如「meng hiyan dz」;《御製繙譯中庸》中，「子思」讀如「dz sy」，「石氏」之「石」讀如「ši」，「王季」讀如「wang gi」。而「子曰：吾說夏禮，杞不足徵也。吾學殷禮，有宋存焉，吾學周禮，今用之，吾從周。」其中，「夏」讀如「hiya」，「杞」讀如「ki」，「殷」讀如「yen」，「宋」讀如「sung」，「周」讀如「jeo」。

《御製繙譯論語》中，「孔子名丘」之「丘」讀如「kio」，「景公」讀如「ging gung」，「費畔季氏」之「費」，滿文讀如「mi」。「會齊侯於夾谷」之「夾谷」，滿文讀如「giya gu」。「蘧伯玉」，滿文讀如「kioi be ioi」;「司馬桓魋」之「桓魋」，滿文讀如「hūwan tui」;「趙氏家臣佛肸」之「佛肸」，滿文讀如「bi hi」。「趙簡子」讀如「jao giyan dz」，「冉求」讀如「žan kio」，「子禽」讀如「dz kin」，「子夏」讀如「dz hiya」，「宰我」讀如「dzai o」，「左丘明」讀如「dzo kio ming」，「葉公」讀如「še gung」，「伯夷叔齊」讀如「be, i, šu, ci」。「伯魚生伋」之「伯魚」讀如「be ioi」，「伋」讀如「gi」。「申棖」讀如「šen ceng」，「祝鮀」之「鮀」讀如「to」，「竊比於我老彭」之「彭」，滿文讀如「peng」，近似今日漢語「盆」音。

以上所舉諸例，僅是原書中之一隅，尚有更多等待發掘，可作為滿語語音學之研究材料。然而迄今為此，除了日人村雅之〈清書千字文の漢字音〉

一篇，〔註1〕以〈清書千字文〉來討論清代語音學外，仍未見到以滿文譯本《四書》爲主之探討，殊爲可惜。由於語音學並非本文所欲涉獵之對象，須待專門領域研究者接續深入研究。

二、滿文譯本《四書》在清代學術思想上的意義

清代學術並非僅有考據學而已，有其演變過程；從清初康熙朝理學再興，至乾嘉考據學盛行後，始將考據學定爲清代學術之代表。康熙帝對理學之喜好，致使明末衰頹的理學再度受到重視，究其原因，在於日講《四書》之講官如熊賜履等人，皆是理學之奉行者，講授時自然擅於義理推衍，如此日日講授潛移默化，使得康熙帝對於理學之體會更深。而理學所強調之堯、舜、禹、湯、文、武、孔子、曾子、子思、孟子一脈相承之「道統」，即在四子之書《四書》。《論語》是「修己治人之要」，《大學》能「明新止善，家國天下之所以齊治平也。」《中庸》是「性教中和，天地萬物之所以位育，九經達道之所以行也。」《孟子》是「繼往聖而開來學，闢邪說以正人心，性善仁義之旨，著明於天下。」因此，「道統在是，治統亦在是」，康熙帝掌握住「萬世道統之傳，即萬世治統之所繫」，因而更加重視《四書》，値得注意的是他將滿漢文本《日講四書解義》頒賜諸臣、學宮，不僅欲將其中義理推而廣之，更重要的是強化「道統即治統」之思想，所撰〈御製日講四書解義序〉中，即明白昭示此點，滿人亦藉此了解到《四書》理學詮釋之意涵。

乾嘉之際，考據學興起，風氣蔚爲一變，成爲清代學術之代表。其興起原因，梁啓超在《清代學術概論》一書中提出：「清學之出發點，在對於宋明理學一大反動。」〔註2〕所指「清學」，即「考據學」，也稱「考證學」或「樸學」。而清初宋明理學在官方倡導下，又再度復甦。若按其說法，反宋明理學，其實是反清廷之所好。而爲梁氏作序的蔣方震言：「清以異族，入主中夏，致用之學，必遭時忌，故藉樸學以自保。」〔註3〕因此，一般均認爲是清廷屢興文字獄，致使知識份子畏懼罹禍，轉而走向與思想無涉之名物考證。余英時先生則提出另一種看法，他認爲這些都是一種「外緣」因素，都是從外緣來解釋學術思想的演變，而不是從思想史的內在發展來說，因爲宋明理學朱、

〔註1〕古代文字資料館發行『KOTONOHA』第144號（2014年11月）。
〔註2〕梁啓超，《清代學術概論》（上海：商務印書館，1930），頁8。
〔註3〕梁啓超，《清代學術概論》，蔣方震序，頁2。

陸義理之爭，二者均不承認自己是主觀的看法而是孔、孟之意，追問到最後，必須回到儒家經典中去尋找立論根據，「義理的是非於是乎便只好取決於經書了。理學發展到了這一步就無可避免地要逼出考證之學來。」入清以後，「每一個自覺得到了儒學眞傳的人，總不免要向古經典上去求根據。」因此，「六百年的宋、明理學傳統在清代並沒有忽然失蹤，而是逐漸地溶化在經史考證之中了。」〔註4〕這樣的看法，邏輯合理性是很強的，含括內外因素的解釋更爲周遍。然而清代由官方主導持續進行的滿文繙譯漢文典籍事業，其影響層面與考據學盛行之間的關係值得注意，求證於原典，固然是宋明理學爭論的回歸處，以滿文繙譯漢文典籍所遇疑義，也必須走上這條路以解決問題，二者方向可謂殊途同歸。

滿文在繙譯《四書》的過程中，必須了解漢文原典的字義爲何，繙譯官須先遍尋古籍上的各種注解加以推敲找尋答案，再與皇帝討論滿漢字義用法是否恰當，其中反覆琢磨辨正的工夫，正是使用考證方法，自滿人繙譯漢文典籍的初期就已開始，無論是康熙朝以前或是乾隆朝「欽定清語」後的改譯，均早於乾嘉考據學盛行之前，朝廷所推行的漢文典籍繙譯大工程，不斷地在進行中，如此帶動了考據風氣，至少在清廷中是如此。連乾隆帝本人，在二十四年（1759）及二十八年（1763），分別撰有〈濟源盤谷考證〉及〈熱河考〉，足見其頗好考證。而乾隆三十八年（1773）四庫館開館之後，館臣之言論使得考據學聲勢抬頭，若無上位者之允諾，如何可行？因此，乾嘉考據學的盛行，官方其實扮演著帶動的角色。其興起原因，與滿文繙譯漢文典籍有著相連的關係。

三、滿文譯本《四書》在清代歷史文化上的意義

文字是一民族之文化表徵，有了文字，便能記錄思想、傳遞訊息，跨越時空之藩籬，使得千百年後的人們，因領略而心神交會。初創期之滿文，字句表達單純質樸，隨著繙譯艱深之漢文《四書》，使得滿文字義文句更加精深起來，如《大學》中的三綱領：「明明德」，滿文譯作「genggiyen erdemu be genggiyelere」，意即「把明德明（之）」；「親民」，滿文譯作「irgen be icemlere」，意即「把民更新」；「止於至善」，滿文譯作「ten i sain de ilinara」，意即「去立於極善」。八條目：「格物」，滿文譯作「jaka be hafure」，意爲「把物通」；

〔註4〕余英時，〈清代思想史的一個新解釋〉，頁134～153。

「致知」，滿文譯作「sarasu de isibumbi」，意爲「把知竭盡」。「誠意」，滿文譯作「gūnin be unenggi obumbi」，即「把意使之成爲誠」；「正心」，滿文譯作「mujilen be tob obumbi」，即「把心使成爲正」；「修身」，滿文譯作「beyebe tuwancihiyambi」，即「把身撥正」；「齊家」，滿文譯作「boo be teksilembi」，意爲「把家整齊」；「治國」，滿文譯作「gurun be dasambi」，即「把國整治、治理」；「平天下」，滿文譯作「abkai fejergi necin ombi」，即「天下成爲和平」。《中庸》之綱要：「道心」，滿文譯作「doroi mujilen」，意即「道的心」；「精一」，滿文譯作「emu obure」，意即「使成爲一」；「執中」，滿文譯作「dulimba be jafara」，意即「把中抓住」。這些在滿人文化中原先沒有的思維概念，經由繙譯交流，使得滿人思想行爲產生轉變。滿文譯本《四書》實際傳承了儒家思想，講求修齊治平之道，建立起社會秩序，所謂君君、臣臣、父父、子子各守其分；崇尚仁義，不尚攻伐，愛民如子，實施仁政，善侍父母，友愛兄弟；對於滿人而言，起了影響深遠之教化功能。康熙帝在對鄂羅斯國察罕汗言及中國崇尚之五德目：忠、孝、仁、義、信，實際上是對儒家思想之扼要描述，也是儒家思想深植人心之普遍德行要求。在「崇儒重道」政策的推動實施下，舉國廣布學宮、頒賜《四書》、舉行科考、選賢任官。然而滿人的憂患意識警覺到滿洲文字不能逐漸爲漢字所取代，爲了延續滿人的文字語言，便藉由滿文譯本《四書》，頒予宗室八旗官學，令滿洲子弟學習，又舉行繙譯特科考試，予以獎勵學習滿文，拔擢優秀的繙譯人才。因此，滿文譯本《四書》，實際上也扮演著保存滿洲文字語言之重要角色。

滿文譯本《四書》，對於滿人之啓發深具意義。一、康熙帝從中領悟出「道統即治統」之理論，傳承儒家聖賢之「道統」，即能秉承聖賢之「治統」，爲合理統治中國之說辭找到依據。二、雍正帝從《孟子》中找到舜是東夷之人，文王是西夷之人，「夷」之身份無礙其聖德。而滿人亦是東夷之人，何以不能統治中國？將夷狄能統治中國的理由進一步合理化。三、康熙帝提出中國崇尚之五德目：忠、孝、仁、義、信，皆來自儒家思想之影響。此時期之《清文鑑》在解釋五德目時，所舉諸例，皆出自《論語》、《孟子》，可知《四書》對於滿人思想上之啓迪不容忽視。探討滿文譯本《四書》，除了有助於了解清代思想、文化各個層面之外，甚至可爲中國歷史上其他朝代不同語文文獻對於當代影響之借鏡。

一民族之興衰，由其語言文字之流行即可窺見。清初滿洲子弟之語文能力甚佳，此階段之滿文譯本無需對照漢文，隨著入關日久疏於使用，滿文能力逐漸下降，到了乾隆朝重譯《四書》時，不得不採用滿漢合璧形式，以方便辨認學習。不同時期之滿文譯本《四書》，見證了滿文演變之歷史過程，以及對於儒家思想的掌握程度，縱然大清帝國在歷史的洪流中灰飛煙滅，其曾經留下之文字軌跡仍會流傳千古。一如康熙帝於〈清文鑑序〉〔註5〕中所言，雖然「老成耆舊漸就凋謝」，但是藉由滿文典籍之保存，「國書永貽於千百祀，而與日星河漢長垂天壤。」

〔註5〕《欽定四庫全書》集部，《聖祖仁皇帝御製文第三集》卷20，頁7～8。

徵引書目

一、檔案史料：

1. 中央研究院歷史語言研究所藏內閣大庫檔案。
2. 史語所漢籍資料庫。
3. 《明清史料》，中央研究院歷史語言研究所編，臺北：維新書局，1972。
4. 《滿文老檔》，中國第一歷史檔案館譯注，北京：中華書局，1990。
5. 《滿文老檔》，東京：東洋文庫，1955。
6. 《舊滿洲檔》，臺北：國立故宮博物院，1969。
7. 《清太祖武皇帝實錄》，臺北國立故宮博物院藏，收入《故宮圖書季刊》，1：1，臺北，1970。
8. 《太祖高皇帝實錄稾本三種》，羅振玉，臺北：台聯國風出版社，1969。
9. 《清內府刻書檔案史料彙編》，翁連溪，北京：廣陵書社，2007。
10. 《清初史料叢刊第四種·天聰朝臣工奏議》，沈陽：遼寧大學歷史系，1980。
11. 《康熙起居注稿本》，漢文本、滿文本，中央研究院歷史語言研究所藏。
12. 《康熙起居注冊》，漢文本、滿文本，臺北國立故宮博物院藏。
13. 《康熙起居注冊》，漢文本，第一歷史檔案館整理，北京：中華書局，1984。

二、官書典籍

1. 《明實錄·太宗文皇帝實錄》，國立北平圖書館藏紅格鈔本，中央研究院歷史語言研究所校勘，1984。
2. 《明實錄·英宗睿皇帝實錄》，國立北平圖書館藏紅格鈔本，中央研究院歷史語言研究所校勘，1984。
3. 《清實錄·太祖高皇帝實錄》，北京：中華書局，1986。
4. 《清實錄·太宗文皇帝實錄》，北京：中華書局，1985。

5. 《清實錄．世祖章皇帝實錄》，北京：中華書局，1985。
6. 《清實錄．聖祖仁皇帝實錄》，北京：中華書局，1985。
7. 《清實錄．世宗憲皇帝實錄》，北京：中華書局，1985。
8. 《清實錄．高宗純皇帝實錄》，北京：中華書局，1985。
9. 《清實錄．仁宗睿皇帝實錄》，北京：中華書局，1986。
10. 《滿洲實錄》，遼寧：遼寧教育出版社，2012。
11. 《朝鮮王朝實錄》，漢城：國史編纂委員會，1973。
12. 《御製清文鑑》，收入《阿爾泰語資料集》第3輯，大邱：曉星女子大學出版部，1978。
13. 《御製增訂清文鑑》，景印文淵閣四庫全書本。
14. 《五體清文鑑》，據北京故宮博物院藏本影印，北京：民族出版社，1957。
15. 《大清全書》，（清）沈啓亮，沈陽：遼寧出版社，2008。
16. 《清文總彙》，（清）志寬、培寬，臺北：文馨出版社，1973。
17. 《御製繙譯四書》，《欽定四庫全書》，乾隆二十年武英殿寫本。
18. 《繙譯四書》，乾隆二十年三槐堂版，臺北：中國邊疆歷史語文學會翻印，1968。
19. 《清文日講四書解義》ineggidari giyangnaha sy šu i jurgan be suhe bithe，（清）喇薩里、陳廷敬等奉敕撰，康熙十六年內府刻本，臺北國立故宮博物院藏。
20. 《無圈點字書》，（清）鄂爾泰、徐元夢，天津：天津古籍出版社，1987。
21. 《四庫全書總目》（清）紀昀撰，
22. 《四庫全書總目提要》，（清）紀昀總纂，石家莊：河北人民出版社，2000。
23. 《論語注疏》，（魏）何晏注、（宋）邢昺疏，收入（清）阮元編，《十三經注疏附附校勘記》，臺北：新文豐出版公司，1978。
24. 《論語集解義疏》，（梁）皇侃，《欽定四庫全書》本。
25. 《論語集注》，（宋）朱熹，臺北：世界書局，1971。
26. 《學齋佔畢》，（宋）史繩祖臺北：臺灣商務印書館，1983，《景印文淵閣四庫全書》，冊854，子部．雜家類，卷1，頁21。
27. 《論語集釋》，程樹德，北京：中華書局，2006。
28. 《論語後案》，（清）黃式三撰、張涅、韓嵐點校，南京：鳳凰出版社，2008。
29. 《四書辨疑》，（元）陳天祥，《欽定四庫全書》本。
30. 《洙泗考信錄．歸魯上》，（清）崔述，北京：中華書局，1985。
31. 《大學本旨》，（宋）黎立武，《欽定四庫全書》經部．四書類。

32.《三禮目錄》，揚州：江蘇廣陵古籍刻印社，1984。
33.《清稗類鈔》，（清）徐珂，北京：中華書局，1984。
34.《漢書．藝文志》，（東漢）班固，《摛藻堂四庫全書薈要》本。
35.《隋書．經籍志》，（唐）魏徵等撰，《欽定四庫全書》本。
36.《史記》，（西漢）司馬遷，《欽定四庫全書》本。
37.《經典釋文．敘錄．論語》，（唐）陸德明，《四部叢刊初編》，第 52～63 冊。
38.《經籍纂詁》，（清）阮元等纂，臺北：宏業書局，1983。
39.《欽定熱河志》，《欽定四庫全書》史部．地理類．文淵閣（臺北：故宮博物院）。
40.《聖祖仁皇帝御製文集》，《欽定四庫全書》集部。
41.《清高宗御製詩文集》，《欽定四庫全書》集部。
42.《御注道德經》，（清）世祖，《故宮珍本叢刊》第 525 冊，子部．道家，海口：海南出版社，2001。
43.《聖祖仁皇帝聖訓》卷 5，《欽定四庫全書》史部．詔令奏議類。
44.《世宗憲皇帝聖訓》卷 21，《欽定四庫全書》史部．詔令奏議類。
45.《康熙政要》，（清）章梫，鄭州：中州古籍出版社，2012。
46.《國朝宮史》，《欽定四庫全書》史部．政書類，乾隆 7 年敕撰，24 年增修。
47.《清史稿》，趙爾巽等撰，北京：中華書局，1977。
48.《欽定科場條例》，（清）杜受田等纂，光緒十三年（1887）內府刊印。
49.《韓文公集》，（唐）韓愈，北京：國羣鑄一社排印本，1915。
50.《河南程氏粹言》，（宋）程顥，臺北：里仁書局，1982。
51.《河南程氏遺書》，（宋）程顥、程頤，上海：上海古籍出版社，2000。
52.《四書章句集注》，（宋）朱熹，《欽定四庫全書》本。
53.《論語集注》，（宋）朱熹，臺北：世界書局，1971。
54.《朱子語類》，（宋）朱熹，《欽定四庫全書》本。
55.《土觀宗派源流——講述一切宗派源流和教義善説晶鏡史》，（清）土觀．羅桑卻季尼瑪著、劉立千譯註，四川：西藏人民出版社，1999。
56.《嘯亭雜錄》續錄，（清）昭槤，成都：四川民族出版社，2002。
57.《養吉齋叢錄》，（清）吳振棫，上海：上海古籍出版社。1997。
58.《聽雨叢談》，（清）福格，北京：中華書局，1997。
59.《滿漢名臣傳》，哈爾濱：黑龍江人民出版社，1992。

60. 《欽定清語》，（清）阿思哈、佛德刻，收入《故宮珍本叢刊》冊 723，海口：海南出版社，2001。
61. 《恒言廣證》，（清）陳鱣，北京：商務印書館，1959。
62. 《同文彙集》，康熙 32 年刻本，法國國家圖書館藏。
63. 《滿漢同文分類全書》，康熙 39 年刻本，法國國家圖書館藏。
64. 〈清書千字文〉，康熙 24 年刻本，德國柏林國家圖書館藏。
65. 〈御製朱子全書序〉，康熙帝，《欽定四庫全書薈要》子部，頁 2～3。
66. 《傳習錄》，（明）王守仁，濟南：山東友誼書社，1994。
67. 《大學本旨》，（宋）黎立武，臺北：中國子學名著集成編印基金會，1978。
68. 〈朝奉大夫文華閣待制贈寶謨閣直學士通議大夫謚文朱先生行狀〉，（宋）黃榦，《勉齋集》，景印文淵閣《四庫全書》，第 1168 冊，臺北：商務印書館，1986。
69. 《東夷考略》，（明）茅瑞徵，臺北：廣文書局，1977。
70. 《大義覺迷錄》，（清）世宗，北京：北京出版社，2000。

三、專書著作

1. 李光濤、李學智編，《明清檔案存眞選輯》初集，臺北：中央研究院歷史語言研究所，1959。
2. 李光濤、李學智編，《明清檔案存眞選輯》二集，臺北：中央研究院歷史語言研究所，1973。
3. 莊吉發，《故宮檔案述要》，臺北：國立故宮博物院，1983。
4. 莊吉發，《滿漢異域錄校注》，臺北：文史哲出版社，1983。
5. 莊吉發，《御門聽政》，臺北：文史哲出版社，1999。
6. 葉高樹，《清朝前期的文化政策》，臺北：稻香出版社，2002。
7. 孟森，《清代史》，臺北：正中書局，1977。
8. 臺灣慣習研究會，《臺灣慣習記事》（中譯本），臺中：臺灣省文獻委員會，1984。
9. 劉兆璸，《清代科舉》，臺北：東大圖書公司，1979。
10. 錢穆，《中國近三百年學術史》，北京：中華書局，1987。
11. 沈兼士，《中國考試制度史》，臺北：臺灣商務印書館，1995。
12. 國立故宮博物院，《國立故宮博物院善本舊籍總目》，臺北，國立故宮博物院， 1983。
13. 富麗，《世界滿文文獻目錄》，北京：中國民族古文字研究會，1983。
14. 黃潤華、屈六生主編，《全國滿文圖書資料聯合目錄》，北京：書目文獻出版社，1991。
15. 北京市民族古籍整理出版規劃小組，《北京地區滿文圖書總目》，沈陽：遼寧民族出版社，2008。
16. 陳垣，《史諱舉例》，北京：中華書局，2009。
17. 蕭一山，《清代通史》，臺北：臺灣商務印書館，1963。
18. 梁啓超，《中國近三百年學術史》，臺北：里仁書局，2005。
19. 梁啓超，《清代學術概論》，上海：商務印書館，1930。
20. 余英時，《歷史與思想》，臺北：聯經公司，1990。
21. 張舜徽，《中國古代史籍校讀法》，臺北：臺灣學生書局，1983。
22. 林慶彰，《明代考據學研究》，臺北：臺灣學生書局，1986。
23. 陳必祥編，《古代漢語三百題》，上海：上海古籍出版社，1993。
24. 查正賢，《論語講讀》，臺北：五南圖書出版公司，2007。
25. 岑溢成，《大學義理疏解》，臺北：鵝湖月刊雜誌社，1983。
26. 《中國學術名著今釋語譯》清代編，臺北：西南書局，1972。
27. 單士元，《故宮札記》，北京：紫禁城出版社，1990。
28. 北京滿文書院，《滿文講義》
29. 陳捷先，《清太祖努爾哈齊事典》，臺北：遠流出版公司 2005。
30. 江橋，《康熙《御製清文鑑》研究》，北京：燕山出版社，2001。
31. 文献資料研究部門数学班、渡辺，純成，《『大學』·『中庸』本文の滿州語訳の変遷》，東京：文部科学省科学研究費補助金特定領域研究（平成 17 年度発足）「東アジアの海域交流と日本伝統文化の形成：寧波を焦点とする学際的創生，滿洲語思想・科学文献研究資料」，2009。

四、期刊論文

1. 歐立德，〈滿文檔案與新清史〉，文獻足徵——第二屆清代檔案國際學術研討會。
2. 莊吉發，〈清高宗敕譯《四書》的探討〉，《滿族文化》，第 9 期，1986 年 5 月。
3. 莊吉發，〈《滿文原檔》·《內閣藏本滿文老檔》與清朝前史的研究〉，收入《清史論集》第 23 輯，臺北：文史哲出版社，2013。
4. 莊吉發，〈清文國語——滿文史料與雍正朝的歷史研究〉，《清史論集》第 20 輯，臺北：文史哲出版社，2010。
5. 莊吉發，〈清代起居注冊與滿學研究〉，《清史論集》第 10 輯（臺北：文史哲出版社，1997），頁 70～71。

6. 莊吉發，〈清初諸帝的北巡及其政治活動〉，《清史論集》第 1 輯（臺北：文史哲出版社，1997），頁 265～269。
7. 莊吉發，〈臺北故宮博物院現藏檔案與清朝宮廷史研究〉，《清史論集》第 21 輯（臺北：文史哲出版社，2011），頁 12～13。
8. 葉高樹，〈滿文繙譯儒家典籍的探討〉，《輔仁歷史學報》，第 10 期，1999 年 6 月，頁 135～178。
9. 葉高樹，〈滿漢合璧《欽定繙譯五經四書》的文化意涵：從「因國書以通經義」到「因經義以通國書」〉，《經學論叢》，第 13 輯，臺北：臺灣學生書局，2006。
10. 林士鉉，〈滿文文獻與《四庫全書》〉，收入《再造與衍義 2007 文獻學國際學術研討會論文集》（上）
11. 徐莉，〈滿文《四書》修訂稿本及其價值〉，《滿語研究》，2008 年第 1 期（總第 46 期），頁 64～67。
12. 徐莉，〈乾隆朝欽定四書五經滿文重譯稿本研究〉，《民族翻譯》，2010 年第 1 期（總第 74 期），頁 63～71。
13. 徐莉，〈清代滿文四書版本研究〉，《民族翻譯》，2015 年第 4 期（總第 97 期），頁 65～71。
14. 徐莉，〈乾隆帝御批滿文四書〉，《中國檔案》，2015 年 6 月，頁 76～77。
15. 李慧敏，〈史語所藏內閣大庫緣起〉，《檔案季刊》，第 8 卷第 2 期，2009 年 6 月頁 46～55。
16. 孟古托力，〈試論金朝儒家文化分期——兼議「崇儒重道」基本國策〉，《滿語研究》，2001 年第 2 期（總第 33 期），頁 67。
17. 屈六生，〈論清代的翻譯科考試〉，收入《慶祝王鐘翰先生八十壽辰學術論文集》，瀋陽：遼寧大學出版社，1993。
18. 郭齊，〈朱熹《四書》次序考論〉，《四川大學學報》（哲學社會科學版），2000 年第 6 期（總第 111 期）。
19. 李光濤，〈清太宗與〔三國演義〕〉，收入《明清檔案論文集》，臺北：聯經，1986。
20. 聶鴻音，〈謝德林圖書館收藏的滿文寫本和刻本〉，《滿語研究》，2004 年第 1 期，頁 75。
21. 何溥瀅，〈日本收藏滿文文獻概述〉，《滿族研究》，1996 年第 4 期，頁 88。
22. 宋秉仁，〈明代的經筵日講〉，《史耘》，第 2 期，1996 年 9 月。
23. 白新良，〈康熙擒鰲拜時間考〉，《滿族研究》，2005 年第 3 期，頁 74～77。
24. 胡傳淮、陳名揚，〈李仙根生平考述〉，《蜀學》第 10 輯，頁 104～123。
25. 胡傳淮、陳名揚，〈李仙根年譜簡編〉，《四川職業技術學院學報》，第 26

卷第 1 期，2016 年 2 月，頁 31～36。

26. 張玉全，〈述滿文老檔〉，收入《文獻特刊論叢專刊合集》之《文獻論叢》（臺北：台聯國風出版社，1967），論述二，頁 207。
27. 劉文興，〈清初皇父攝政王多爾袞起居注跋〉，《中央日報．文史週刊》，1947。
28. 佟永功、關嘉祿，〈乾隆朝「欽定新清語」探析〉，《滿語研究》1995 年第 2 期，頁 66～70。
29. 張虹、程大鯤譯編，〈乾隆朝「欽定新清語」（二）〉，《滿語研究》1994 年第 2 期，頁 68～73。
30. 張虹、程大鯤譯編，〈乾隆朝「欽定新清語」（六）〉，《滿語研究》1999 年第 2 期（總第 29 期），頁 33。
31. 張虹、程大鯤譯編，〈乾隆朝「欽定新清語」（十一）〉，《滿語研究》2005 年第 1 期，頁 41。
32. 吳美鳳，〈清代宮廷「圖塞爾根桌」略考〉，《紀念王鍾翰先生百年誕辰學術文集》，北京：中央民族大學出版社，2013，頁 947～967。
33. 水汶，〈禘祭祭禮與《周頌．雝》詩考辨〉，《河池學院學報》，第 35 卷第 4 期，2015 年 8 月。
34. （日）村雅之，〈清書千字文の漢字音〉，古代文字資料館發行『KOTONOHA』第 144 號，2014 年 11 月。
35. 黃新亮，《從滿語中的漢語借詞看滿族文化變遷》，黑龍江大學碩士學論文，2008。

附錄一　《論語》章名康乾二朝滿文繙譯對照表

《論語》章名	康熙《起居注冊》／羅馬拼音	乾隆《御製繙譯四書》／羅馬拼音
子夏曰賢賢易色	dz hiya i henduhe sain be saišame, boco be guribure	dz hiya hendume, sain be saišara de, boco de amuran be guribure,
子曰君子不重則不威	kungdz i henduhe ambasa saisa ujen akū oci, horonggo akū	fudz hendume, ambasa saisa ujen akū oci, horon akū,
曾子曰慎終追遠	dzengdz i henduhe duben be olhošoro, goro be amcara	dzengdz hendume, duben be olhošoro, goro be amcara oci,

子禽問於子貢曰夫子至於是邦也	dz kin i dz gung de fonjiha, fudz tere gurun de isinaci	dz kin, dz gung de fonjime, fudz, yaya gurun de isinaha de,
子曰父在觀其志	kungdz i henduhe, ama bisire de terei gūnin be cencila	fudz hendume, ama bisire de, terei mujin be tuwambi,
有子曰禮之用	iodz i henduhe, dorolon i baitalan de	iodz hendume, dorolon i baitalan de,
有子曰信近於義	iodz i henduhe akdularangge jurgan de hanci oci	iodz hendume, akdun ojorongge, jurgan de hanci oci,
子曰君子食無求飽	kungdz i henduhe, ambasa saisa jetere de ebire be, bairakū	fudz hendume, ambasa saisa, jetere de ebire be bairakū,,

子貢曰貧而無諂	dz gung ni henduhe, yadahūn bime haldaba akū	dz gung hendume, yadahūn bime haldaba akū,
子曰不患人之不己知	kungdz i henduhe beye be niyalma sarkū de joborakū	fudz hendume, beyebe niyalma sarkū de joborakū,
子曰爲政以德	kungdz i henduhe erdemui dasan be yabubuci	fudz hendume, erdemu i dasan be yabubuci,
子曰詩三百	* kungdz i henduhe, ši ging ni ilan tanggū	fudz hendume, irgebun i nomun i ilan tanggū fiyelen be,
子曰道之以政	kungdz i henduhe, dasan i yarhūdara	fudz hendume, dasan i yarhūdara,

子曰吾十有五而志於學	kungdz i henduhe, bi tofohon se de gūnin tacikū de oho	fudz hendume, bi, tofohon se de, mujin tacin de oho,,
孟懿子問孝	* meng i dz i hiyoošun be fonjiha	meng i dz, hiyoošun be fonjire jakade,
孟武伯問孝	meng u be i hiyoošun be fonjiha	meng u be, hiyoošun be fonjire jakade,
子游問孝	dz io i hiyoošun be fonjiha	dz io, hiyoošun be fonjire jakade,
子夏問孝	dz hiya i hiyoošun be fonjiha	dz hiya, hiyoošun be fonjire jakade,

子曰吾與回言終日	kungdz hendume, bi, hūi i emgi inenggidari gisureci	fudz hendume, bi, hūi i emgi šuntuhuni gisureci,
子曰視其所以	kungdz hendume, terei yabun be tuwara	fudz hendume, terei yabun be tuwara,
子曰溫故而知新	kungdz hendume, fe be urebuci, ice be sambi	fudz hendume, fe be urenbumbime, ice be sarangge,
子曰君子不器	kungdz hendume, ambasa saisa tetun waka	fudz hendume, ambasa saisa be tetušeci ojorakū,,
子貢問君子	dz gung, ambasa saisa be fonjiha	dz gung, ambasa saisa be fonjire jakade,

子曰君子周而不比	kungdz hendume, ambasa saisa neigelembi, giyalarakū	fudz hendume, ambasa saisa neigelembi, haršarakū,,
子曰學而不思則罔	kungdz hendume, tacimbi seme gūnirakū oci waliyabumbi	fudz hendume, tacimbime, gūnirakū oci, mekele ombi,,
子曰攻乎異端	kungdz hendume, encu demun be kiceci	fudz hendume, encu demun i tacin be kiceci,
子曰由誨女知之乎	kungdz i henduhe, io sinde sara be tacibure	fudz hendume, io, sinde sarasu be tacibure,
子張學干祿	dz jang tacire de funglu be baimbi	dz jang, tacire de fulun be baire jakade,

哀公問曰何爲則民服	ai gung fonjime, adarame ohode irgen dahambi	ai gung fonjime, adarame ohode, irgen dahambi,,
季康子問使民敬忠以勸	gi k'ang dz fonjime, irgen be ginggun tondo obure, huwekiyeburengge adarame	gi k'ang dz fonjime, irgen be ginggun tondo de huwekiyenduburengge
或謂孔子曰子奚不爲政	gūwa, kungdz i baru hendume, si ainu dasan de darakū	gūwa, kungdz i baru hendume, agu si, ainu dasan be darakū,
子曰人而無信不知其可也	kungdz hendume, niyalma bime akdun akū oci, terei ojoro be sarakū	fudz hendume, niyalma ofi akdun akū oci, terei absi ojoro be sarkū kai,,
子張問十世可知	dz jang fonjime, juwan jalan be saci ombio	dz jang fonjime, juwan jalan be saci ombio,,

子曰非其鬼而祭之諂也	kungdz hendume, ini weceku waka bime, wececi haldaba kai	fudz hendume, tenteke weceku waka bime wececi, haldaba kai,
孔子謂季氏	* kungdz gi ši be henduhe	kungdz, gi halangga i … be henduhengge,
三家者以雍徹	ilan booingge yung ni ši i bederebuhe	ilan booingge, yungge fiyelen i bederebure jakade,
子曰人而不仁	kungdz i henduhe, niyalma ofi gosin akū	fudz hendume, niyalma bime gosin akū oci,
林放問禮之本	lin fang ni dorolon i da be fonjiha	lin fang, dorolon i da be fonjiha de,

子曰夷狄之有君	kungdz i henduhe tulergi gurun de ejen bi	fudz hendume, tulergi aiman, ejen bisire be sara bade,
季氏旅於泰山	gi ši, tai šan alin be wecembi	gi halangga, tai šan alin be wecembi serede,
子曰君子無所爭	kungdz i henduhe, ambasa saisa temšen akū	fudz hendume, ambasa saisa de temšen akū,
子夏問曰巧笑倩兮	dz hiya i fonjiha, injere faksi ijaršambi	dz hiya fonjime, injere faksi ijaršambi,,
子曰夏禮吾能言之	kungdz i henduhe, hiya i dorolon be, bi gisureci ombi	fudz hendume, hiya gurun i dorolon be, bi gisureci ombi,,

子曰禘自既灌而往者	ᡴᡠᠩᡯ ᡳ ᡥᡝᠨᡩᡠᡥᡝ᠈ ᡩᡳ ᠸᡝᠴᡝᠨ ᡩᡝ ᠰᡠᡳᡨᠠᡥᠠ ᠴᡳ ᠠᠮᠠᠰᡳ kungdz i henduhe, di wecen de suitaha ci amasi	ᡶᡠᡯ ᡥᡝᠨᡩᡠᠮᡝ᠈ ᠠᠮᠪᠠᡵᠠᠮᡝ ᠸᡝᠴᡝᡵᡝ ᡩᡝ᠈ ᠰᡠᡳᡨᠠᡥᠠ ᠴᡳ ᠠᠮᠠᠰᡳᠩᡤᡝ ᠪᡝ᠈ fudz hendume, ambarame wecere de, suitaha ci amasingge be,
或問禘之說	ᡤᡡᠸᠠ᠈ ᡩᡳ ᠸᡝᠴᡝᠨ ᡳ ᡨᡠᡵᡤᡠᠨ ᠪᡝ ᡶᠣᠨᠵᡳᡥᠠ gūwa, di wecen i turgun be fonjiha	ᡤᡡᠸᠠ᠈ ᠠᠮᠪᠠᡵᠠᠮᡝ ᠸᡝᠴᡝᡵᡝ ᡨᡠᡵᡤᡠᠨ ᠪᡝ ᡶᠣᠨᠵᡳᡵᡝ ᠵᠠᡴᠠᡩᡝ᠈ gūwa, ambarame wecere turgun be fonjire jakade,
祭如在	ᠸᡝᠴᡝᡵᡝ ᡩᡝ ᠪᡳᠰᡳᡵᡝ ᠠᡩᠠᠯᡳ * wecere de bisire adali	ᠸᡝᠴᡝᠴᡳ᠈ ᠪᡳᠰᡳᡵᡝ ᠠᡩᠠᠯᡳ᠉ wececi, bisire adali,,
王孫賈問曰	ᠸᠠᠩ ᠰᡠᠨ ᡤᡳᠶᠠ ᡳ ᡶᠣᠨᠵᡳᡥᠠ * wang sun giya i fonjiha	ᠸᠠᠩ ᠰᡠᠨ ᡤᡳᠶᠠ ᡶᠣᠨᠵᡳᠮᡝ᠈ wang sun giya fonjime,
子曰周監於二代	ᡴᡠᠩᡯ ᡳ ᡥᡝᠨᡩᡠᡥᡝ ᠵᡝᠣ ᡤᡠᡵᡠᠨ᠈ ᠵᡠᠸᡝ ᠵᠠᠯᠠᠨ ᠪᡝ ᠪᡠᠯᡝᡴᡠᡧᡝᡶᡳ kungdz i henduhe jeo gurun, juwe jalan be bulekušefi	ᡶᡠᡯ ᡥᡝᠨᡩᡠᠮᡝ᠈ ᠵᡝᠣ ᡤᡠᡵᡠᠨ᠈ ᠵᡠᠸᡝ ᠵᠠᠯᠠᠨ ᠪᡝ ᠪᡠᠯᡝᡴᡠᡧᡝᡶᡳ᠈ fudz hendume, jeo gurun, juwe jalan be bulekušefi,

子入大廟	* kungdz taimiyoo de dosifi	fudz, taimiyoo de dosifi,
子曰射不主皮	* kungdz i henduhe gabtara de sukū be da arahakū	fudz hendume, gabtara de, sukū fondoloro be bodohakūngge,
子貢欲去告朔之餼羊	* dz gung, ice de alara weihun honin be nakabiki	dz gung, šongge inenggi de alame wecere weihun honin be nakabuki serede
子曰事君盡禮	* kungdz i henduhe ejen be weileme dorolon i akūmbure	fudz hendume, ejen be uileme dorolon akūmbuha be,
定公問君使臣	* ding gung ni fonjiha ejen, amban be takūrara	ding gung fonjime, ejen, amban be takūrara,

子曰關雎樂而不淫	kungdz i henduhe guwan jioi sebjelecibe dufedehekū	fudz hendume, guwendure jirgio fiyelen, sebjelecibe dufedehekū,,
哀公問社於宰我	ai gung, še be, dzai o de fonjiha	ai gung, dzai o de boihoju be fonjire jakade,
子曰管仲之器小哉	kungdz i henduhe, guwan jung ni tetun ajigan jai	fudz hendume, guwan jung ni tetun ajigan kai,,
子語魯大師樂曰	* kungdz, lu i tai ši de kumun be alame henduhe	fudz, lu gurun i kumun be aliha hafan de, kumun be alame hendume,
儀封人請見	* i fung žin acaki	i i ba i jasei hafan acaki seme,

子謂韶盡美矣	* kungdz i henduhe, šoo wacihiyame saikan	fudz, sirabungga kumun be saikan be akūmbuha
子曰居上不寬	* kungdz i henduhe, dele tefi onco akū	fudz hendume, dele bifi onco akū,
子曰里仁爲美	kungdz i henduhe, falan gosingga be sain obuhabi	fudz hendume, falga de gosingga be sain obuhabi,,
子曰不仁者不可以久處約	* kungdz i henduhe, gosin akū niyalma joboro de goidame bici ojorakū	fudz hendume, gosin akū niyalma, yadahūn de goidame bici ojorakū,,
子曰惟仁者	* kungdz i henduhe, damu gosingga niyalma	fudz hendume, damu gosingga niyalma,

子曰苟志於仁矣	ᡴᡠᠩᡯᡳ ᡳ ᡥᡝᠨᡩᡠᡥᡝ᠈ ᡠᠨᡝᠩᡤᡳ ᡤᡡᠨᡳᠨ ᡤᠣᠰᡳᠨ ᡩᡝ ᠣᠴᡳ	* kungdz i henduhe, unenggi gūnin gosin de oci	ᡶᡠᡯᡳ ᡥᡝᠨᡩᡠᠮᡝ᠈ ᠮᡠᠵᡳᠨ᠈ ᡠᠨᡝᠩᡤᡳ ᡤᠣᠰᡳᠨ ᡩᡝ ᠣᠴᡳ᠈	fudz hendume, mujin, unenggi gosin de oci,
子曰富與貴是人之所欲也	ᡴᡠᠩᡯᡳ ᡳ ᡥᡝᠨᡩᡠᡥᡝ᠈ ᠪᠠᠶᠠᠨ ᠸᡝᠰᡳᡥᡠᠨ ᡝᡵᡝ ᠨᡳᠶᠠᠯᠮᠠ ᠪᡠᠶᡝᡵᡝᠩᡤᡝ	* kungdz i henduhe, bayan wesihun ere niyalma buyerengge	ᡶᡠᡯᡳ ᡥᡝᠨᡩᡠᠮᡝ᠈ ᠪᠠᠶᠠᠨ ᠸᡝᠰᡳᡥᡠᠨ᠈ ᠶᠠᠶᠠ ᠨᡳᠶᠠᠯᠮᠠᡳ ᠪᡠᠶᡝᡵᡝᠩᡤᡝ᠉	fudz hendume, bayan wesihun, yaya niyalmai buyerengge,,
子曰我未見好仁者	ᡴᡠᠩᡯᡳ ᡳ ᡥᡝᠨᡩᡠᡥᡝ ᠪᡳ ᡤᠣᠰᡳᠩᡤᠠ ᠪᡝ ᠰᠠᡳᡧᠠᡵᠠ	* kungdz i henduhe bi gosingga be saišara	ᡶᡠᡯᡳ ᡥᡝᠨᡩᡠᠮᡝ᠈ ᠪᡳ᠈ ᡤᠣᠰᡳᠩᡤᠠ ᠪᡝ ᠰᠠᡳᡧᠠᡵᠠ᠈ ᠪᡝ ᠰᠠᠪᡠᡥᠠᡴᡡ᠉	fudz hendume, bi, gosingga be saišara … be sabuhakū,,
子曰人之過也各於其黨	ᡴᡠᠩᡯᡳ ᡳ ᡥᡝᠨᡩᡠᡥᡝ᠈ ᠨᡳᠶᠠᠯᠮᠠᡳ ᡝᠨᡩᡝᠪᡠᡴᡠ ᠮᡝᠨᡳ ᠮᡝᠨᡳ ᡩᡠᠸᠠᠯᡳ ᠪᡳ	* kungdz i henduhe, niyalmai endebuku meni meni duwali bi	ᡶᡠᡯᡳ ᡥᡝᠨᡩᡠᠮᡝ᠈ ᠨᡳᠶᠠᠯᠮᠠᡳ ᡝᠨᡩᡝᠪᡠᡴᡠ᠈ ᠮᡝᡳᠮᡝᠨᡳ ᡩᡠᠸᠠᠯᡳ ᠪᡳ᠉	fudz hendume, niyalmai endebuku, meimeni duwali bi,,
子曰朝聞道	ᡴᡠᠩᡯᡳ ᡳ ᡥᡝᠨᡩᡠᡥᡝ᠈ ᡝᡵᡩᡝ ᡩᠣᡵᠣ ᠪᡝ ᡩᠣᠨᠵᡳᡶᡳ	* kungdz i henduhe, erde doro be donjifi	ᡶᡠᡯᡳ ᡥᡝᠨᡩᡠᠮᡝ᠈ ᡝᡵᡩᡝ ᡩᠣᡵᠣ ᠪᡝ ᡩᠣᠨᠵᡳᡶᡳ᠈	fudz hendume, erde doro be donjifi,

子曰士志於道	* kungdz i henduhe, saisa i gūnin doro de bi	fudz hendume, tacire urse, mujin, doro de bimbime,
子曰君子之於天下也	kungdz i henduhe, ambasa saisa abkai fejergi de	fudz hendume, ambasa saisai abkai fejergi de,
子曰君子懷德	kungdz i henduhe, ambasa saisa erdemu be gūnimbi	fudz hendume, ambasa saisa, erdemu be gūnin de tebumbi,
子曰放於利而行	kungdz i henduhe, aisi be dahame yabuci	fudz hendume, aisi be dahame yabuci,
子曰能以禮讓爲國乎	kungdz i henduhe, dorolon i anahūnjame gurun be dasame muteci	fudz hendume, dorolon anahūnjan i gurun be dasame muteci

子曰不患無位		kungdz i henduhe, soorin akū de ume joboro		fudz hendume, tušan akū de ume joboro,,
子曰參乎吾道一以貫之		kungdz i henduhe šen, mini doro emu i hafumbi		fudz hendume, šen, mini doro, emu i hafurengge kai,,
子曰君子喻於義		* kungdz i henduhe, ambasa saisa jurgan be sambi		fudz hendume, ambasa saisa, jurgan be sambi,,
子曰見賢思齊焉		* kungdz i henduhe sain be sabuci jergilere be gūni		fudz hendume, mergen be sabuci, jergilere be gūni,,
子曰事父母幾諫		* kungdz i henduhe, ama eme be weilere de nesuken i tafula		fudz hendume, ama eme be uilere de, nesuken i tafula,

子曰父母在不遠遊	* kungdz i henduhe, ama eme bisirede, goro generakū	fudz hendume,ama eme i bisire de, goro generakū,,
子曰父母之年不可不知也	* kungdz i henduhe, ama eme i se be sarkū oci ojorakū	fudz hendume, ama eme i se be, gūnirakū oci ojorakū,
子曰古者言之不出	kungdz i henduhe, julgei niyalmai gisun tucirakū	fudz hendume, julgei niyalmai gisun tucirakūngge,
子曰以約失之者鮮矣	kungdz i henduhe, boljonggo de ufararangge komso	fudz hendume, boljonggo de ufararangge komso dere,,
子曰君子欲訥於言	kungdz i henduhe ambasa saisa gisun de elhe	fudz hendume, ambasa saisa, gisun de elhe,

子曰德不孤	ᡴᡠᠩᡯ ᡳ ᡥᡝᠨᡩᡠᡥᡝ ᡝᡵᡩᡝᠮᡠ ᡝᠮᡥᡠᠨ ᠠᡴᡡ kungdz i henduhe erdemu emhun akū	ᡶᡠᡯ ᡥᡝᠨᡩᡠᠮᡝ᠈ ᡝᡵᡩᡝᠮᡠ ᡝᠮᡨᡝᠯᡳ ᠠᡴᡡ᠈ fudz hendume, erdemu emteli akū,
子游曰事君數	ᡯ ᡳᠣ ᡳ ᡥᡝᠨᡩᡠᡥᡝ᠈ ᡝᠵᡝᠨ ᠪᡝ ᠸᡝᡳᠯᡝᡵᡝ ᡩᡝ ᡩᠠᠯᡥᡳ ᠣᠴᡳ dz io i henduhe, ejen be weilere de dalhi oci	ᡯ ᡳᠣ ᡥᡝᠨᡩᡠᠮᡝ᠈ ᡝᠵᡝᠨ ᠪᡝ ᡠᡳᠯᡝᡵᡝ ᡩᡝ ᡩᠠᠯᡥᡳ ᠣᠴᡳ᠈ dz io hendume, ejen be uilere de dalhi oci,
子謂公冶長	ᡴᡠᠩᡯ ᡳ ᡤᡠᠩ ᠶᡝ ᠴᠠᠩ ᠪᡝ ᡥᡝᠨᡩᡠᡥᡝ kungdz i gung ye cang be henduhe	ᡶᡠᡯ᠈ ᡤᡠᠩ ᠶᡝ ᠴᠠᠩ ᠪᡝ ᠯᡝᠣᠯᡝᡥᡝᠩᡤᡝ᠈ fudz, gung ye cang be leolehengge,
子謂子賤	ᡴᡠᠩᡯ ᡳ ᡯ ᠵᡳᠶᠠᠨ ᠪᡝ ᡥᡝᠨᡩᡠᡥᡝ kungdz i dz jiyan be henduhe	ᡶᡠᡯ᠈ ᡯ ᠵᡳᠶᠠᠨ ᠪᡝ ᠯᡝᠣᠯᡝᡥᡝᠩᡤᡝ᠈ fudz, dz jiyan be leolehengge,
子貢問曰賜也何如	ᡯ ᡤᡠᠩ ᠨᡳ ᡶᠣᠨᠵᡳᡥᠠ᠈ ᠰᡟ ᠠᠨᡨᠠᡴᠠ dz gung ni fonjiha, sy antaka	ᡯ ᡤᡠᠩ ᡶᠣᠨᠵᡳᠮᡝ᠈ ᠰᡟ ᠪᡳ ᠠᠨᡨᠠᡴᠠ᠉ dz gung fonjime, sy bi antaka,,

或曰雍也仁而不佞	ᡤᡡᠸᠠ ᡳ ᡥᡝᠨᡩᡠᡥᡝ᠈ ᠶᡠᠩ ᡤᠣᠰᡳᠩᡤᠠ ᠪᡳᠮᡝ ᠠᠩᡤᠠᠯᡳᠩᡤᡡ ᠠᡴᡡ	gūwa i henduhe, yung gosingga bime anggalinggū akū	ᡤᡡᠸᠠ ᡥᡝᠨᡩᡠᠮᡝ᠈ ᠶᡠᠩ᠈ ᡤᠣᠰᡳᠩᡤᠠ ᠪᡳᠮᡝ᠈ ᠠᠩᡤᠠᠯᡳᠩᡤᡡ ᠠᡴᡡ᠉	gūwa hendume, yung, gosingga bime, anggalinggū akū,,
子使漆雕開仕	ᡴᡠᠩᡯ᠈ ᠴᡳ ᡩᡳᠶᠣᠣ ᠺᠠᡳ ᠪᡝ ᡥᠠᡶᠠᠨ ᠣᠰᠣ	kungdz, ci diyoo k'ai be hafan oso	ᡶᡠᡯ᠈ ᠴᡳ ᡩᡳᠶᠣᠣ ᠺᠠᡳ ᠪᡝ ᡥᠠᡶᠠᠨ ᠣᠰᠣ ᠰᡝᡵᡝᡩᡝ᠈	fudz, ci diyoo k'ai be hafan oso serede,
子曰道不行	ᡴᡠᠩᡯ ᡳ ᡥᡝᠨᡩᡠᡥᡝ ᡩᠣᡵᠣ ᠶᠠᠪᡠᡵᠠᡴᡡ	* kungdz i henduhe doro yaburakū	ᡶᡠᡯ ᡥᡝᠨᡩᡠᠮᡝ᠈ ᡩᠣᡵᠣ ᠶᠠᠪᡠᡵᠠᡴᡡ ᠨᡳᡴᠠᡳ᠈	fudz hendume, doro yaburakū nikai,
孟武伯問子路仁乎	ᠮᡝᠩ ᡠ ᠪᡝ ᡳ ᡶᠣᠨᠵᡳᡥᠠ᠈ ᡯ ᠯᡠ ᡤᠣᠰᡳᠩᡤᠣ	* meng u be i fonjiha, dz lu gosinggo	ᠮᡝᠩ ᡠ ᠪᡝ᠈ ᡯ ᠯᡠ ᠪᡝ ᡤᠣᠰᡳᠩᡤᠣ ᠰᡝᠮᡝ ᡶᠣᠨᠵᡳᡥᠠ ᡩᡝ᠈	meng u be, dz lu be gosinggo seme fonjiha de,
子謂子貢曰女與回也孰愈	ᡴᡠᠩᡯ ᡳ ᡯ ᡤᡠᠩ ᠨᡳ ᠪᠠᡵᡠ ᡥᡝᠨᡩᡠᡥᡝ᠈ ᠰᡳ᠈ ᡥᡡᡳ ᠸᡝ ᡶᡠᠯᡠ	* kungdz i dz gung ni baru henduhe, si, hūi we fulu	ᡶᡠᡯ᠈ ᡯ ᡤᡠᠩ ᠨᡳ ᠪᠠᡵᡠ ᡥᡝᠨᡩᡠᠮᡝ᠈ ᠰᡳ᠈ ᡥᡡᡳ ᠸᡝ ᡶᡠᠯᡠ᠉	fudz, dz gung ni baru hendume, si, hūi we fulu,,

宰予晝寢	* dzai ioi inenggi amgara jakade	dzai ioi inenggi amgara jakade,
子曰吾未見剛者	* kungdz i henduhe bi mangga niyalma be sara unde	fudz hendume, bi, ganggan niyalma be sabure unde,,
子貢曰我不欲人之加諸我也	* dz gung ni henduhe, bi niyalmai minde isibure be cihakūngge be	dz gung hendume, bi, niyalmai minde isibure be cihakūngge be,
子貢曰夫子之文章可得而聞也	* dz gung ni henduhe, fudz i šu yangse be bahafi donjici ombi	dz gung hendume, fudz i šu yangse be, bahafi donjici ombi,
子路有聞	* dz lu donjiha ba bihede	dz lu donjiha ba bifi,

子貢問曰孔文子何以謂之文也	* dz gung ni fonjiha kung wen dz be, wen sehengge adarame	dz gung fonjime, kung wen dz be, šu sehengge adarame,,
子謂子產	* kungdz i dz can be hendehe	fudz, dz can be leolehengge,
子曰晏平仲善與人交	* kungdz i henduhe, yan ping jung niyalma i baru guculeme bahanambi	fudz hendume, yan ping jung, niyalmai baru guculeme bahanambi,
子曰臧文仲居蔡	* kungdz i henduhe, dzang wen jung, tsai be tebuhe·	fudz hendume, dzang wen jung, eihume be asarara de,
子張問曰令尹子文三仕爲令尹	* dz jang ni fonjiha, ling in dz wen ilan jergi ling in oho	dz jang fonjime, alifi dasara amban dz wen, ilan jergi alifi dasara amban oho seme,

季文子三思而後行	* gi wen dz cibtui gūnifi teni yabumbi	gi wen dz, cibtui gūnifi teni yabumbi,,
子曰甯武子邦有道則知	* kungdz i henduhe, ning u dz gurun de doro bici mergen	fudz hendume, ning u dz, gurun de doro bici, mergen,,
子在陳曰歸與歸與	* kungdz cen de bifi hendume, bedereki bedereki	fudz, cen gurun de bifi hendume, bedereki, bedereki,
子曰伯夷叔齊不念舊惡	* kungdz i henduhe, be i, šu ci, fe ehe be gūnirakū	fudz hendume, be i, šu ci, fe ehe be gūnirakū ofi,
子曰孰謂微生高直	* kungdz i henduhe, we, wei šeng k'ao be tondo	fudz hendume, we, wei šeng k'ao be sijirhūn sehe ni,

子曰巧言令色足恭	* kungdz i henduhe, faksi gisun, araha cira, dabatala gungnere be	fudz hendume, faksi gisun, araha cira, dabatala gungnecukengge be,
顏淵季路侍	* yan yuwan, gi lu ashan de bisire de	yan yuwan, gi lu ashan de bisire de,
子曰已矣乎	* kungdz i henduhe, usaka	fudz hendume, usaka joo,
子曰十室之邑	* kungdz i henduhe, juwan booi gašan de	fudz hendume, juwan booi gašan de,
子曰雍也可使南面	* kungdz i henduhe yung be julergi dere de obuci ombi	fudz hendume, yung be, julesi forobume niyalma be dasabuci ombi,,

哀公問弟子孰爲好學		* ai gung ni fonjiha šabisa we tacire de amuran :		ai gung, šabisa be, we tacire de amuran seme fonjiha de,
子華使於齊		* dz hūwa be ci dė takūrara jakade		dz hūwa be, ci gurun de takūrara jakade,
子謂仲弓曰		* kungdz, jung gung be henduhe		fudz jung gung be leolehengge,
子曰回也其心三月不違仁		* kungdz i henduhe, hūi, mujilen ilan biya gosin be jurcerakū		fudz hendume, hūi ini mujilen, ilan biya otolo gosin de jurcerakū,
季康子問仲由可使從政也與		* gi k'ang dz i fonjiha jung io be dasan de dabuci ombio		gi k'ang dz, jung io be, dasan de danabuci ombio seme fonjiha de,

季氏使閔子騫爲費宰	* gi ši, min dz kiyan be, mi de dzai obuki	gi halangga, lin dz kiyan be, mi i bade wailan oso seme takūrara de,
伯牛有疾	* be nio nimere de	be nio nimeku bahara jakade,
子曰賢哉回也	* kungdz i henduhe, hūi absi mergen i	fudz hendume, hūi, yala mergen kai,
冉求曰非不說子之道	* žan kio i henduhe fudz i doro be buyerakūngge waka	žan kio hendume, fudz i doro be buyerakūngge waka,
子謂子夏曰女爲君子儒	* kungdz dz hiya i baru henduhe si ambasa saisa i baksi oso	fudz, dz hiya i baru hendume, si ambasa saisai bithei niyalma oso,

子游爲武城宰		* dz io u ceng de dzai oho manggi		dz io, u ceng hoton de wailan oho manggi,
子曰孟之反不伐		* kungdz i henduhe, meṅg jy fan tukiyecerakū		fudz hendume, meng jy fan tukiyecerakū,
子曰不有祝鮀之佞		* kungdz i henduhe, ju to i anggalinggū akū		fudz hendume, jalbarire hafan to i gese anggalinggū, … akū ohode,
子曰誰能出不由戶		* kungdz i henduhe, we duka be yaburakū tucici ombi		fudz hendume, we, duka be yaburakū tucime mutembi,
子曰質勝文則野		* kungdz i henduhe, gulu šu be eteci, bihan		fudz hendume, gulu, šu ci dabanaci, albatu,,

子曰人之生也直	* kungdz i henduhe niyalma banjinjihangge tondo	fudz hendume, niyalma i banjinjihangge, sijirhūn,,
子曰知之者不如好之者	* kungdz i henduhe sarangge, amuran ningge de isirakū	fudz hendume, sarangge, amurangge de isirakū,
子曰中人以上	* kungdz i henduhe, dulimbai niyalma ci wesihun	fudz hendume, dulimbai niyalma ci wesihun oci,
樊遲問知	* fan cy mergen be fonjire jakade	fan cy, mergen be fonjire jakade,
子曰知者樂水	* kungdz i henduhe, mergen urse muke be buyembi	fudz hendume, mergengge urse, muke be buyembi,

子曰齊一變	ᡴᡠᠩᡯ ᡳ ᡥᡝᠨᡩᡠᡥᡝ᠈ ᠴᡳ ᡝᠮᡤᡝᡵᡳ ᡴᡡᠪᡠᠯᡳᡴᠠ ᡩᡝ	* kungdz i henduhe, ci emgeri kūbulika de	ᡶᡠᡯ ᡥᡝᠨᡩᡠᠮᡝ᠈ ᠴᡳ ᡤᡠᡵᡠᠨ ᡝᠮᡤᡝᡵᡳ ᡴᡡᠪᡠᠯᡳᡴᠠ ᡩᡝ᠈	fudz hendume, ci gurun emgeri kūbulika de,
子曰觚不觚	ᡴᡠᠩᡯ ᡳ ᡥᡝᠨᡩᡠᡥᡝ ᡥᠣᡧᠣᠩᡤᠣ᠈ ᡥᠣᡧᠣᠩᡤᠣ ᠠᡴᡡ	* kungdz i henduhe hošonggo, hošonggo akū	ᡶᡠᡯ ᡥᡝᠨᡩᡠᠮᡝ᠈ ᡥᠣᡧᠣᠩᡤᠣᠩᡤᡝ᠈ ᡥᠣᡧᠣᠩᡤᠣ ᠠᡴᡡ ᠣᠴᡳ᠈	fudz hendume, hošonggongge, hošonggo akū oci,
宰我問曰	ᡯᠠᡳ ᠣ ᡶᠣᠨᠵᡳᡥᠠ	* dzai o fonjiha	ᡯᠠᡳ ᠣ ᡶᠣᠨᠵᡳᠮᡝ᠈	dzai o fonjime,
子曰君子博學於文	ᡴᡠᠩᡯ ᡳ ᡥᡝᠨᡩᡠᡥᡝ ᠠᠮᠪᠠᠰᠠ ᠰᠠᡳᠰᠠ ᡧᡠ ᠪᡝ ᠠᠮᠪᡠᠯᠠ ᡨᠠᠴᡳᡶᡳ	* kungdz i henduhe ambasa saisa šu be ambula tacifi	ᡶᡠᡯ ᡥᡝᠨᡩᡠᠮᡝ᠈ ᠠᠮᠪᠠᠰᠠ ᠰᠠᡳᠰᠠ ᡧᡠ ᠪᡝ ᠠᠮᠪᡠᠯᠠ ᡨᠠᠴᡳᡶᡳ᠈	fudz hendume, ambasa saisa šu be ambula tacifi,
子見南子	ᡶᡠᡯ ᠨᠠᠨ ᡯ ᡩᡝ ᠠᠴᠠᠨᠠᡥᠠ	* fudz nan dz de acanaha	ᡶᡠᡯ ᡳ ᠨᠠᠨ ᡯ ᡩᡝ ᠠᠴᠠᠨᠠᡥᠠ ᠪᡝ᠈	fudz i nan dz de acanaha be,

子曰中庸之爲德也	ᡴᡠᠩᡯ ᡳ ᡥᡝᠨᡩᡠᡥᡝ ᡩᡠᠯᡳᠮᠪᠠ ᠠᠨ ᡳ ᡝᡵᡩᡝᠮᡠ	* kungdz i henduhe dulimba an i erdemu	ᡶᡠᡯ ᡥᡝᠨᡩᡠᠮᡝ᠈ ᠠᠨ ᡩᡠᠯᡳᠮᠪᠠ ᡳ ᡝᡵᡩᡝᠮᡠ ᠣᡥᠣᠩᡤᡝ᠈	fudz hendume, an dulimba i erdemu ohongge,
子貢曰如有博施於民	ᡯ ᡤᡠᠩ ᠨᡳ ᡥᡝᠨᡩᡠᡥᡝ ᠠᡳᡴᠠᠪᠠᡩᡝ ᡳᡵᡤᡝᠨ ᡩᡝ ᠨᡝᡳᡤᡝᠨ ᡳᠰᡳᠪᡠᠮᡝ	* dz gung ni henduhe aikabade irgen de neigen isibume	ᡯ ᡤᡠᠩ ᡥᡝᠨᡩᡠᠮᡝ᠈ ᠠᡳᡴᠠᠪᠠᡩᡝ ᡳᡵᡤᡝᠨ ᡩᡝ ᠨᡝᡳᡤᡝᠨ ᡳᠰᡳᠪᡠᠮᡝ᠈	dz gung hendume, aikabade irgen de neigen isibume,
子曰述而不作	ᡴᡠᠩᡯ ᡳ ᡥᡝᠨᡩᡠᡥᡝ ᡶᡳᠰᡝᠮᠪᡠᡵᡝ ᡩᠠᠪᠠᠯᠠ ᡩᡝᡵᡳᠪᡠᡵᠠᡴᡡ	* kungdz i henduhe fisembure dabala deriburakū	ᡶᡠᡯ ᡥᡝᠨᡩᡠᠮᡝ᠈ ᡶᡳᠰᡝᠮᠪᡠᡵᡝ ᡩᠠᠪᠠᠯᠠ᠈ ᡩᡝᡵᡳᠪᡠᡵᠠᡴᡡ᠈	fudz hendume, fisembure dabala, deriburakū,
子曰默而識之	ᡴᡠᠩᡯ ᡳ ᡥᡝᠨᡩᡠᡥᡝ ᡩᠣᠯᠣᡵᡳ ᡝᠵᡝᡵᡝ	* kungdz i henduhe dolori ejere	ᡶᡠᡯ ᡥᡝᠨᡩᡠᠮᡝ᠈ ᡩᠣᠯᠣᡵᡳ ᡝᠵᡝᡵᡝ᠈	fudz hendume, dolori ejere,
子曰德之不修	ᡴᡠᠩᡯ ᡳ ᡥᡝᠨᡩᡠᡥᡝ᠈ ᡝᡵᡩᡝᠮᡠ ᠪᡝ ᡩᠠᠰᠠᡵᠠᡴᡡ	* kungdz i henduhe, erdemu be dasarakū	ᡶᡠᡯ ᡥᡝᠨᡩᡠᠮᡝ᠈ ᡝᡵᡩᡝᠮᡠ ᠪᡝ ᡨᡠᠸᠠᠨᠴᡳᡥᡳᠶᠠᡵᠠᡴᡡ᠈	fudz hendume, erdemu be tuwancihiyarakū,

子之燕居	ᡶᡠᡯ ᠰᡠᠯᠠ ᡨᡝᡥᡝᡩᡝ	* fudz sula tehede	ᡶᡠᡯ ᠰᡠᠯᠠ ᡨᡝᡥᡝᡩᡝ	fudz sula tehede,
子曰甚矣吾衰也	ᡴᡠᠩᡯ ᡳ ᡥᡝᠨᡩᡠᡥᡝ ᠪᡳ ᠠᠪᠰᡳ ᡝᠪᡝᡵᡝᡴᡝ	* kungdz i henduhe bi absi ebereke	ᡶᡠᡯ ᡥᡝᠨᡩᡠᠮᡝ ᠪᡳ ᠠᠪᠰᡳ ᡝᠪᡝᡵᡝᡴᡝ ᠨᡳᡴᠠᡳ	fudz hendume, bi absi ebereke nikai,
子曰志於道	ᡴᡠᠩᡯ ᡳ ᡥᡝᠨᡩᡠᡥᡝ ᡤᡡᠨᡳᠨ ᡩᠣᡵᠣ ᡩᡝ	* kungdz i henduhe, gūnin doro de	ᡶᡠᡯ ᡥᡝᠨᡩᡠᠮᡝ ᡩᠣᡵᠣ ᠪᡝ ᡤᡡᠨᡳᠮᠪᡳ	fudz hendume, doro be gūnimbi,
子曰自行束脩以上	ᡴᡠᠩᡯ ᡳ ᡥᡝᠨᡩᡠᡥᡝ ᠰᡝᡶᡝᡵᡝ ᠶᠠᠯᡳ ᠴᡳ ᠸᡝᠰᡳᡥᡠᠨ ᠵᡳᡩᡝᡵᡝᠩᡤᡝ ᠪᡝ	* kungdz i henduhe sefere yali ci wesihun jiderengge be	ᡶᡠᡯ ᡥᡝᠨᡩᡠᠮᡝ ᠰᡝᡶᡝᡵᡝ ᠶᠠᠯᡳ ᠴᡳ ᠸᡝᠰᡳᡥᡠᠨ ᠪᡝᠨᠵᡳᡵᡝᠩᡤᡝ ᠪᡝ	fudz hendume, sefere yali ci wesihun benjirengge be,
子曰不憤不啓	ᡴᡠᠩᡯ ᡳ ᡥᡝᠨᡩᡠᡥᡝ ᡤᡳᠨᡴᡝᡴᠠᡵᠠᡴᡡ ᠣᠴᡳ ᠨᡝᡳᠯᡝᡵᠠᡴᡡ	* kungdz i henduhe ginkekarakū oci neilerakū	ᡶᡠᡯ ᡥᡝᠨᡩᡠᠮᡝ ᡶᠠᠴᡳᡥᡳᠶᠠᡧᠠᡵᠠᡴᡡ ᠣᠴᡳ ᠨᡝᡳᠯᡝᡵᠠᡴᡡ	fudz hendume, facihiyašarakū oci, neilerakū,

子食於有喪者之側	* fudz sinagan bisire urse adame jembihede	fudz, sinagan bisire ursei adame jembihede,
子謂顏淵曰用之則行	* kungdz i yan yuwan i baru henduhe, baitalaci yabure	fudz, yan yuwan i baru hendume, baitalaci yabure,
子曰富而可求也	* kungdz i henduhe bayan be baici ojoro oci	fudz hendume, bayan be baici oci,
子之所慎	* fudz i olhorongge	fudz i olhošorongge,
子在齊聞韶	* fudz ci de bisire de šoo be donjifi	fudz, ci gurun de bisire de, sirabungga kumun be donjire jakade,

冉有曰夫子爲衛君乎	* žan io henduhe, fudz, wei gurun i ejen be urušembio	žan io hendume, fudz, wei gurun i ejen be urušembio,,
子曰飯疏食飲水	* kungdz i henduhe, muwa buda jeme, muke omime,	fudz hendume, muwa buda jeme, muke omime,
子曰加我數年	* kungdz i henduhe, minde udu aniya bufi	fudz hendume, minde udu aniya nonggime bufi,
子所雅言	* fudz i kemuni gisurerengge	fudz i kemuni gisurerengge,
葉公問孔子於子路	* še gung, kungdz be dz lu de, fonjiha	še gung, dz lu de, kungdz be fonjire jakade,

子曰我非生而知之者	* kungdz i henduhe bi banitai sarangge waka	fudz hendume, bi, banitai sarangge waka,
子不語	fudz i gisurerakūngge	fudz, … gisurerakū,,
子曰三人行	kungdz i henduhe, ilan niyalma yabure de	fudz hendume, ilan niyalma yabure de,
子曰天生德於予	kungdz i henduhe, abka minde erdemu be banjibufi	fudz hendume, abka, minde erdemu be salgabuha,,
子曰二三子以我爲隱乎	kungdz i henduhe, juwe ilan šabisa, mimbe gidahabi sembio	fudz hendume, juwe ilan šabisa, mimbe gidahabi sembio,,

子以四教	fudz duin hacin i tacihiyambi	fudz, duin hacin i tacihiyambi,,
子曰聖人吾不得而見之矣	kungdz i henduhe, enduringge niyalma be bi bahafi saburakū oho	fudz hendume, enduringge niyalma be, bi bahafi saburakū oho,,
子釣而不綱	fudz welmiyembi hešelerakū	fudz welmiyembi, dangdalilarakū,,
子曰蓋有不知而作之者	kungdz i henduhe ainci sarkū deriburengge bi	fudz hendume, ainci sarkū bime deriburengge bidere,
互鄉難與言	hū hiyang de gisureci mangga bihebi	hū hiyang gašan de, gisureci mangga bihebi,,

子曰仁遠乎哉	kungdz i henduhe, gosin goro nio	fudz hendume, gosin goro nio,,
陳司敗問昭公知禮乎	cen i sy bai fonjiha, joo gung dorolon be sambio	cen gurun i beiden be aliha amban, joo gung be dorolon be sambio seme fonjiha de,
子與人歌	fudz, niyalmai emgi uculere de	fudz, niyalmai emgi uculere de
子曰文莫吾猶人也	kungdz i henduhe šu ainci bi niyalmai adali	fudz hendume, šu, ainci bi, niyalmai adali dere,,
子曰若聖與仁則吾豈敢	kungdz i henduhe aikabade enduringge gosingga be oci bi ai gelhun akū	fudz hendume, aikabade enduringge gosingga be oci,bi ai gelhun akū,,

子疾病	fudz nimere de	fudz nimeme ujelehe de,
子曰奢則不孫	kungdz i henduhe mamgiyakū oci gocishūn akū	fudz hendume, mamgiyakū oci, anashūn akū,,
子曰君子坦蕩蕩	kungdz i henduhe ambasa saisa an i elhe alhai	fudz hendume, ambasa saisa, elehun i ler ler sembi,,
子溫而厲	fudz nesuken bime sengguwecuke	fudz nesuken bime fafungga,,
子曰泰伯其可謂至德也已矣	kungdz i henduhe tai be be ten i erdemu seci ombi	fudz hendume, tai be be, yala ten i erdemu seci ombikai,,

子曰恭而無禮則勞	kungdz i henduhe gungnembi seme dorolon akū oci suilacuka ·	fudz hendume, gungnembi seme dorolon akū oci, suilacuka,,
曾子有疾召門弟子曰	dzengdz nimere de dukai sabisa be hūlafi hendume	dzengdz nimere de, dukai šabisa be hūlafi hendume,
曾子有疾孟敬子問之	dzengdz nimere de meng ging dz tuwanjiha manggi	dzengdz nimere de, meng ging dz tuwanjiha manggi,
曾子曰以能問於不能	dzengdz i henduhe mutembime muterakū de fonjire	dzengdz hendume, mutembime muterakū de fonjire,
曾子曰可以託六尺之孤	dzengdz i henduhe ninggun c'y i emhun be anaci ojoro	dzengdz hendume, ninggun jusuru i umudu be afabuci ojoro,

曾子曰士不可以不弘毅	dzengdz i henduhe saisa lergiyen kiyangkiyan akū oci ojorakū	dzengdz hendume, tacire niyalma, lergiyen fili akū oci ojorakū,,
子曰興於詩	kungdz i henduhe yenden ši de	fudz hendume, irgebun de yendembi,,
子曰民可使由之	kungdz i henduhe irgen be yabubuci ombi	fudz hendume, irgen be yabubuci ombi,
子曰好勇疾貧亂也	kungdz i henduhe baturulara de amuran, yadahūn be ubiyaci facuhūn	fudz hendume, baturulara de amuran bime, yadahūn be ubiyaci, facuhūn ombi,,
子曰如有周公之才之美	kungdz i henduhe jeo gung ni gese muten saikan bihe seme	fudz hendume, jeo gung ni gese muten, saikan bihe seme,

子曰三年學	kungdz i henduhe ilan aniya tacifi	fudz hendume, ilan aniya otolo tacifi,
子曰篤信好學	kungdz i henduhe hing seme akdafi tacire de amuran	fudz hendume, hing seme akdafi, tacire de amuran,
子曰不在其位	kungdz i henduhe, tere soorin de akū oci	fudz hendume, tere tušan de akū oci,
子曰狂而不直	kungdz i henduhe, dabali bime sijihūn akū	fudz hendume, dabašakū bime, sijirhūn akū,
子曰學如不及	* kungdz i henduhe, tacime amcarakūi adali	fudz hendume, tacire de amcarakū i adali,

子曰巍巍乎舜禹之有天下也	* kungdz i henduhe, colgorobikai, šūn, ioi i abkai fejergi bisirengge	fudz hendume, colgoropi colgoropi, šūn han, ioi han, abkai fejergi bisire
子曰大哉堯之爲君也	kungdz i henduhe, amba kai, yoo i ejen ohongge	fudz hendume, yoo han i ejen ohongge, amba kai,
舜有臣五人	šūn de bihe amban sunja niyalma	šūn han de sunja amban bifi,
子曰禹吾無間然矣	kungdz i henduhe, bi, ioi de jaka akū sembi	fudz hendume, ioi han be, bi jaka akū sembi,
子罕言利與命與仁	fudz, aisi, jai hesebun, gosin be tongga gisurembi	fudz i asuru gisurerakūngge, aisi, jai hesebun, jai gosin,,

達巷黨人曰大哉孔子	da hiyang gašan i niyalma hendume, amban kai kungdz	da hiyang gašan i niyalma hendume, amba kai, kungdz,
子曰麻冕禮也	kungdz i henduhe, olo i miyan dorolon kai	fudz hendume, šaniyangga mahatu, dorolon kai,
子絕四	* fudz i lashalahan duin	fudz i lashalahangge duin,,
子畏於匡	* fudz kuwang de olhoho	fudz, kuwang ni bade olhoho de,
子見齊衰者	fudz fimehe sinahi etuhe niyalma de acanaha	fudz nemkihekū subkeri etuhe niyalma,

顏淵喟然歎曰	yan yuwan kiyakiyame ferguweme hendume	yan yuwan kiyakiyame ferguweme gendume,
子貢曰有美玉於斯	kungdz i henduhe, saikan gu ubade bihe de	dz gung hendume, saikan gu ubade bihede,
子欲居九夷	fudz, uyun i de teneki	fudz, uyun aiman de teneki serede,
子在川上曰	* fudz birai jaka de bifi	fudz, birai jakade bifi hendume,
子曰吾未見好德	* kungdz hendume, bi erdemu be buyerengge	fudz hendume, bi, erdemu be buyerengge, … be sabure unde,,

子曰譬如爲山	kungdz i henduhe, duibuleci alin arara adali	fudz hendume, duibuleci, uthai alin arara de,
子曰語之而不惰者	kungdz i henduhe, disurehe seme banuhūšarakū	fudz hendume, gisurehe de banuhūšarakūngge,
子謂顏淵曰	kungdz, yan yuwan be henduhe	fudz, yan yuwan be leolehengge,
子曰苗而不秀者有矣夫	kungdz i henduhe, tucifi suihenerakūngge bi	fudz hendume, arsufi suihenerakūngge bi,,
子曰後生可畏	kungdz i henduhe, amala banjihangge olhocuka	fudz hendume, asihata, olhocuka kai,,

子曰法語之言	ᡴᡠᠩᡯ ᡳ ᡥᡝᠨᡩᡠᡥᡝ᠈ ᡴᠣᠣᠯᡳᠩᡤᠠ ᡤᡳᠰᡠᠨ kungdz i henduhe, koolingga gisun	ᡶᡠᡯ ᡥᡝᠨᡩᡠᠮᡝ᠈ ᡴᠣᠣᠯᡳᠩᡤᠠ ᡤᡳᠰᡠᠨ ᠪᡝ᠈ fudz hendume, koolingga gisun be,
子曰三軍可奪帥也	ᡴᡠᠩᡯ ᡳ ᡥᡝᠨᡩᡠᡥᡝ᠈ ᡳᠯᠠᠨ ᠴᠣᠣᡥᠠᡳ ᡝᠵᡝᠨ ᠪᡝ ᡩᡠᡵᡳᠴᡳ ᠣᠮᠪᡳ kungdz i henduhe, ilan coohai ejen be durici ombi	ᡶᡠᡯ ᡥᡝᠨᡩᡠᠮᡝ᠈ ᡤᡝᡵᡝᠨ ᠴᠣᠣᡥᠠ ᡩᡝ ᠵᡳᠶᠠᠩᡤᡳᠶᡡᠨ ᠪᡝ ᡩᡠᡵᡳᠴᡳ ᠣᠮᠪᡳ᠉ fudz hendume, geren cooha de jiyanggiyūn be durici ombi,,
子曰衣敝縕袍	ᡴᡠᠩᡯ ᡳ ᡥᡝᠨᡩᡠᡥᡝ᠈ ᠮᠠᠨᠠᡥᠠ ᡧᠠᠨᡳᠶᠠᡥᠠ ᡥᡠᡴᡨᡠ ᡝᡨᡠᡶᡳ kungdz i henduhe, manaha šaniyaha huktu etufi	ᡶᡠᡯ ᡥᡝᠨᡩᡠᠮᡝ᠈ ᠮᠠᠨᠠᡥᠠ ᡧᠠᠨᡳᠶᠠᡥᠠ ᡥᡠᠪᡨᡠ ᡝᡨᡠᡶᡳ᠈ fudz hendume, manaha šaniyaha hubtu etufi,
子曰歲寒然後知松柏之後彫也	ᡴᡠᠩᡯ ᡳ ᡥᡝᠨᡩᡠᡥᡝ᠈ ᠠᠨᡳᠶᠠ ᡧᠠᡥᡡᡵᡠᠨ ᡩᡝ ᡨᡝᠨᡳ ᠵᠠᡴᡩᠠᠨ ᠮᠠᡳᠯᠠᠰᡠᠨ ᡳ ᠠᠮᠠᠯᠠ ᠰᡳᡥᠠᡵᠠ ᠪᡝ ᠰᠠᠮᠪᡳ * kungdz i henduhe, aniya šahūrun de teni jakdan mailasun i amala sihara be sambi	ᡶᡠᡯ ᡥᡝᠨᡩᡠᠮᡝ᠈ ᠠᠨᡳᠶᠠ ᡧᠠᡥᡡᡵᡠᠨ ᠣᡥᠣ ᠮᠠᠩᡤᡳ᠈ ᡨᡝᠨᡳ ᠵᠠᡴᡩᠠᠨ ᠮᠠᡳᠯᠠᠰᡠᠨ ᡳ ᠠᠮᠠᠯᠠ ᠰᡳᡥᠠᡵᠠ ᠪᡝ ᠰᠠᠮᠪᡳ᠉ fudz hendume, aniya šahūrun oho manggi, teni jakdan mailasun i amala sihara be sambi,,
子曰知者不惑	ᡴᡠᠩᡯ ᡳ ᡥᡝᠨᡩᡠᡥᡝ᠈ ᠮᡝᡵᡤᡝᠨ ᡠᡵᠰᡝ ᡥᡡᠯᡳᠮᠪᡠᡵᠠᡴᡡ * kungdz i henduhe, mergen urse hūlimburakū	ᡶᡠᡯ ᡥᡝᠨᡩᡠᠮᡝ᠈ ᠮᡝᡵᡤᡝᠩᡤᡝ ᡠᡵᠰᡝ ᡥᡡᠯᡳᠮᠪᡠᡵᠠᡴᡡ᠉ fudz hendume, mergengge urse hūlimburakū,,

子曰可與共學	kungdz i henduhe, tacin be emgi uheleci ombi	fudz hendume, emgi tacin be uheleci ombi seme,
唐棣之華	tang di ilga	uli mooi ilha,
孔子於鄉黨	* kungdz i gašan harangga de	kungdz, gašan falga de,
色斯舉矣	* cira de deyembi	cira de uthai deyembi,
子曰先進於禮樂	* kungdz i henduhe, neneme dorolon kumun de dosika	fudz hendume, neneme dorolon kumun de dosikangge be,

子曰從我於陳蔡者	* kungdz i henduhe, mimbe cen ts'ai de dahalaha	fudz hendume, mimbe cen gurun, ts'ai gurun de dahame yabuhangge,
子曰回也非助我者也	* kungdz i henduhe, hūi minde aisilarangge waka	fudz hendume, hūi, minde aisilarangge waka ni,
子曰孝哉閔子騫	* kungdz i henduhe, hiyoošungga kai, min dz kiyan	fudz hendume, hiyoošungga kai, min dz kiyan,
南容三復白圭	* nan žung cibtui dabtambihe	nan žung, cibtui šahūn temgetungge gu i irgebun be dabtambihe,
季康子問弟子	* gi k'ang dz, šabisa be fonjiha	gi k'ang dz, šabisa be … fonjiha de,

顏淵死顏路請子之車	* yan yuwan akū oho manggi, yan lu, fudz i sejen be baiha	yan yuwan akū oho manggi, yan lu, fudz i sejen be … baire jakade,
顏淵死子曰噫	* yan yuwan akū oho de, kungdz hendume, ai,	yan yuwan akū oho de, fudz hendume, kai,
顏淵死子哭之慟	* yan yuwan akū oho de, fudz i songgorongge gosihon	yan yuwan akū oho de, fudz i gasarangge gosihon ojoro jakade,
顏淵死門人欲厚葬之	* yan yuwan akū oho de, šabisa jiramin sindaki	yan yuwan akū oho de, šabisa jiramin i icihiyame sindaki serede,
季路問事鬼神	* gi lu, hutu enduri be weilere be fonjire jakade,	gi lu, hutu enduri be uilere be fonjire jakade,

閔子侍側		* min dz ashan de bisire de		min dz, ashan de bisire de,
魯人爲長府		* lu i niyalma, cang fu be arara de,		lu gurun i niyalma cang fu namun be arara de,
子曰由之瑟奚爲於丘之門		kungdz i henduhe io i še mini duka de ai baita		fudz hendume, io i šentuhen, kio mini duka de ai gajiha,
子貢問師與商也孰賢		dz gung fonjime ši, šang we sain		dz gung, ši, šang be we sain seme fonjiha de,
季氏富於周公		gi ši, jeo gung ci bayan bime		gi halangga, jeo gung ci bayan bime,

柴也愚	cai mentuhun	cai mentuhun,,
子曰回也其庶乎	滿文原本無譯	fudz hendume, hūi haminahabi kai,
子張問善人之道	* dz jang sain niyalma i doro be fonjire jakade	dz jang sain niyalmai doro be fonjire jakade,
子曰論篤是與	* kungdz i henduhe, leolen hing sere be saišaci	fudz hendume, leolen i hing serengge be saišaci,
子路問聞斯行諸	* dz lu fonjime donjihai uthai yabumbio	dz lu, donjome uthai yabumbio seme fonjiha de,

子畏於匡	* fudz kuwang ni olhocun de	fudz, kuwang ni bade olhoho de,
季子然問仲由冉求可謂大臣與	* gi dz žan fonjime jung io, žan kio be ujulaha amban seci ombio	gi dz žan, jung io, žan kio be, ujulaha amban seci ombio seme fonjiha de,
子路使子羔爲費宰	* dz lu, dz k'ao be mi de dzai oso	dz lu, dz k'ao be, mi i bade wailan oso serede,
子路曾晳冉有公西華侍坐	* dz lu, dzeng si, žan io, gung si hūwa, ashan de tehede	dz lu, dzeng si, žan io, gung si hūwa, ashan de tehede,
顏淵問仁	* yan yuwan gosin be fonjire jakade	yan yuwan gosin be fonjire jakade,

仲弓問仁	* jung gung gosin be fonjire jakade	jung gung gosin be fonjire jakade,
司馬牛問仁	* sy ma nio gosin be fonjire jakade	sy ma nio gosin be fonjire jakade,
司馬牛問君子	* sy ma nio ambasa saisa be fonjire jakade	sy ma nio, ambasa saisa be fonjire jakade,
司馬牛憂曰	* sy ma nio jobome hendume	sy ma nio jobošoro de hendume,
子張問明	* dz jang genggiyen be fonjiha	dz jang genggiyen be fonjire jakade,

子貢問政	* dz gung dasan be fonjire jakade	dz gung dasan be fonjire jakade,
棘子成曰君子質而已矣	gi dz ceng ni henduhe, ambasa saisa gulu oci wajiha	gi dz ceng hendume, ambasa saisa gulu oci wajiha,
哀公問於有若曰	ai gung ni io žo de fonjiha	ai gung, io žo de fonjime,
子張問崇德辨惑	dz jang i erdemu be wesihulere hūlimbun be ilgara be fonjiha	dz jang, erdemu be wesihulere, hūlibun be ilgara be fonjire jakade,
齊景公問政於孔子	ci ging gung dasan be kungdz de fonjire jakade	ci gurun i ging gung, kungdz de dasan be fonjire jakade,

子曰片言可以折獄者	kungdz i henduhe emu gisun de habšaha be kengseleci ojorongge	fudz hendume, emu gisun de habšaha be lashalaci ojorongge,
子曰聽訟吾猶人也	kungdz i henduhe habšara be donjirengge bi niyalmai adali	fudz hendume, habšara be donjirengge, bi, niyalmai adali,
子張問政	* dz jang dasan be fonjire jakade	dz jang, dasan be fonjire jakade,
子曰君子成人之美	* kungdz hendume, ambasa saisa niyalmai sain be mutebumbi	fudz hendume, ambasa saisa, niyalmai sain be mutebumbi,
季康子問政	* gi k'ang dz dasan be fonjire jakade	gi k'ang dz, kungdz de dasan be fonjire jakade,

季康子患盜問於孔子	gi k'ang dz hūlha de jobošome, kungdz de fonjire jakade	gi k'ang dz, hūlha de jobome, kungdz de fonjire jakade,
季康子問政於孔子	gi k'ang dz, dasan be kungdz de fonjire jakade	gi k'ang dz, kungdz de dasan be fonjime
子張問士	dz jang saisa be fonjiha	dz jang, tacire urse be, … fonjiha de,
樊遲從遊於舞雩之下	fan c'y, u ioi fejile sarašarade dahame genefi	fan c'y, aga baire bade sarašara de dahame genefi,
樊遲問仁	fan c'y gosin be fonjire jakade	fan c'y, gosin be fonjire jakade,

子貢問友	dz gung gucu be fonjire jakade	dz gung, guculere be fonjire jakade,
曾子曰君子以文會友	ambasa saisa šu i gucu de acambi	dzengdz hendume, ambasa saisa, šu i gucu de acambi,
子路問政	dz lu dasan be fonjire jakade	dz lu dasan be fonjire jakade,
仲弓爲季氏宰	jung gung, gi ši de dzai ofi	jung gung, gi halangga de wailan ofi,
子路曰衛君待子而爲政	* dz lu hendume wei i ejen, fudz be dasan be yabubume ohode	dz lu hendume, wei gurun i ejen, fudz be dasan de danabume ohode,

樊遲請學稼		fan c'y, usin be taciki sere jakade		fan c'y, tarire be taciki sere jakade,
子曰誦詩三百		kungdz i henduhe ši ging ilan tanggū be hūlafi		fudz hendume, irgebun i ilan tanggū fiyelen be niyelehe bime,
子曰其身正		kungdz i henduhe beye tob oci		fudz hendume, beye tob oci,
子曰魯衛之政		kungdz i henduhe, lu, wei dasan		fudz hendume, lu gurun, wei gurun i dasan,
子謂衛公子荊善居室		fudz, wei gungdz ging be henduhengge boo banjime bahanambi		fudz, wei gurun i gungdz ging be leolehengge, boo banjime bahanambi,,

子適衛冉有僕	fudz, wei de genere de žan io jafaha	fudz, wei gurun de genere de, žan io sejen jafaha bihe,,
子曰苟有用我者	kungdz i henduhe unenggi mimbe baitalara ohode	fudz hendume, unenggi mimbe baitalarangge bici,
子曰善人爲邦百年	* kungdz i henduhe sain niyalma gurun be tanggū aniya dasaha de	fudz hendume, sain niyalma gurun be tanggū aniya dasaha de,
子曰如有王者	* kungdz i henduhe aikabade wang niyalma bihede	fudz hendume, aikabade han oho niyalma bihede,
子曰苟正其身矣	* kungdz i henduhe unenggi beye be tob obuci	fudz hendume, unenggi beyebe tob obuci,

冉有退朝	žan io yamun ci bederehe manggi	žan dz hargašan ci bederehe de,
定公問一言而可以興邦有諸	ding gung fonjime emu gisun de gurun be yendebuci ojorongge bio	ding gung, emu gisun de, gurun yendeci ojorongge bio seme fonjiha de,
葉公問政	še gung dasan be fonjire jakade	še gung, dasan be fonjire jakade,
子夏爲莒父宰問政	dz hiya, gioi fu de dzai ofi	dz hiya, gioi fu i bade failan ofi, dasan be fonjire jakade,
葉公語孔子曰	še gung, kungdz de alame henduhe	še gung, kungdz de alame hendume,

樊遲問仁	fan c'y gosin be fonjire jakade	fan c'y, gosin be fonjire jakade,
子貢問曰何如斯可謂之士矣	* dz gung fonjime adarame ohode, uthai saisa seci ombi	dz gung fonjime, adarame ohode, uthai taciha niyalma seci ombi,,
子曰不得中行而與之	* kungdz i henduhe dulimba be yaburengge de bahafi burakū oci	fudz hendume, dulimba be yaburengge de bahafi emgilerakū oci,
子曰南人有言	* kungdz i henduhe julergi niyamai henduhe gisun	fudz hendume, julergi ba i niyalmai henduhe gisun,
子曰君子和而不同	kungdz i henduhe ambasa saisa hūwaliyasun bime acan akū	fudz hendume, ambasa saisa hūwaliyasun bime, acan akū,,

子貢問曰鄉人皆好之	dz gung ni fonjiha, gašan i niyalma gemu saišaci	dz gung fonjime, gašan i niyalma gemu saišaci,
子曰君子易事	kungdz i henduhe, ambasa saisa weileci ja bime	fudz hendume, ambasa saisa be uilere de ja,
子曰君子泰而不驕	kungdz i henduhe, ambasa saisa elehun bime cokto akū	fudz hendume, ambasa saisa elehun bime cokto akū,,
子曰剛毅木訥	kungdz i henduhe, mangga, dacun, sijirhūn, modo	fudz hendume, ganggan, kiyangkiyan, sijhūn, modo,
子路問曰何如斯可謂之士矣	dz lu fonjime, adarame ohode, uthai saisa seci ombi	dz lu fonjime, adarame ohode, uthai taciha niyalma seci ombi,,

子曰善人教民七年	kungdz i henduhe, sain niyalma irgen be nadan aniya tacibuha de	fudz hendume, sain niyalma, irgen be nadan aniya tacibuha de,
子曰以不教民戰	* kungdz i henduhe, tacibuhakū irgen be afara de baitalaci	fudz hendume, tacibuhakū irgen be afara de baitalaci,
憲問恥	* hiyan girucun be fonjire jakade	hiyan girucun be fonjire jakade,
克伐怨欲不行焉	* etere, tukiyecere, korsoro, buyere be yaburakū oci	etere, tukiyecere, korsoro, buyere be yaburakū oci,
子曰士而懷居	* kungdz i henduhe, saisa bime teku be gūnici	fudz hendume, tacire niyalma bime, teku be gūnici,

子曰邦有道危言危行	* kungdz i henduhe, gurun de doro bici, hoo seme gisurembi, hoo seme yabumbi,	fudz hendume, gurun de doro bici, hoo seme gisurembi, hoo seme yabumbi,,
子曰有德者必有言	kungdz i henduhe erdemu bisire niyalma de urunakū gisun bi	fudz hendume, erdemu bisire niyalma de, urunakū gisun bi,
南宮适問於孔子曰羿善射	nan gung g'o i kungdz de fonjiha, i, gabtara mangga	nan gung g'o, kungdz de fonjime, i, gabtarangge mangga,
子曰君子而不仁者有矣夫	kungdz i henduhe ambasa saisa de gosin akū ba inu bi	fudz hendume, ambasa saisa de gosin akū ba bici bidere,
子曰愛之能勿勞乎	kungdz i henduhe, gosimbi seme suilaburakū oci ombio	fudz hendume, gosire de, suilaburakū ome mutembio,,

子曰爲命裨諶草創之	kungdz i henduhe, hese be arara de pi cen jiselembi	fudz hendume, hese be arara de, pi cen, fukjin sisetembi,,
或問子產	gūwa dz can be fonjiha	gūwa, dz can be fonjire jakade,
子曰貧而無怨難	kungdz i henduhe yadahūn bime gasarakūngge mangga	fudz hendume, yadahūn bime gasarakūngge mangga,,
子曰孟公綽爲趙魏老則優	kungdz i henduhe, meng gung co, joo, wei de sakda oci elgiyen i ombi	fudz hendume, meng gung co, jao halangga, wei halangga i boode da oci, fulu,,
子路問成人	* dz lu šanggaha niyalma be fonjire jakade	dz lu šanggaha niyalma be fonjire jakade,

子問公叔文子於公明賈曰	* kungdz, gung ming giya de fonjiha	fudz, gung ming giya de, gung šu wen dz be fonjime,
子曰臧武仲以防求爲後於魯	* kungdz i henduhe, dzang u jung fang be enen i jalin lu de baiha	fudz hendume, dzang u jung, fang ni bade enen ilibure jalin, lu gurun de baiha be,
子曰晉文公譎而不正	* kungdz i henduhe, jin wen gung argangga bime tob akū	fudz hendume, jin gurun i wen gung, argangga bime, tob akū,,
子路曰桓公殺公子糾	* dz lu henduhe, hūwan gung, gung dz gi be waha	dz lu hendume, hūwan gung, gungdz gio be waha de,
子貢曰管仲非仁者與	* dz gung ni henduhe guwan jung gosingga niyalma waka dere	dz gung hendume, guwan jung gosingga niyalma waka dere,,

公叔文子之臣大夫僎	* gung šu wen dz i amban daifu juwan	gung šu wen dz i booi hafan juwna daifan ofi,
子言衛靈公之無道也	* kungdz, wei ling gung ni doro akū be gisurere jakade	fudz, wei gurun i ling gung ni doro akū be gisurere jakade,
子曰其言之不怍	* kungdz i henduhe gisurere de girurakū oci	fudz hendume, gisurere de girurakū oci,
陳成子弒簡公	* cen ceng dz, giyan gung be belehe	cen ceng dz, giyan gung be belehe manggi,
子路問事君	* dz lu, ejen be weilere be fonjire jakade	dz lu, ejen be uilere be fonjire jakade,

子曰君子上達	* kungdz i henduhe, ambasa saisa wesihun hafumbi	fudz hendume, ambasa saisa wesihun hafumbi,
子曰古之學者爲己	* kungdz i henduhe, julgei tacirengge beyei jalin	fudz hendume, julgei tacirengge beyei jalin,
蘧伯玉使人於孔子	* kioi be ioi, kungdz i jakade niyalma takūraha	kioi be ioi, kungdz i jakade niyalma takūraha de,
曾子曰君子思不出其位	* dzengdz i henduhe, ambasa saisai gūnirengge, ini teisu ci tucirakū,,	dzengdz hendume, ambasa saisai gūnirengge, ini teisu c tucirakū,,
子曰君子恥其言	* kungdz i henduhe, ambasa saisa gisun de girumbi	fudz hendume, ambas saisa, gisun de girume

子曰君子道者三	* kungdz i henduhe, ambasa saisa i doro ilan	fudz hendume, ambasa saisai doro ilan,
子貢方人	* dz gung, ni niyalma be duibulere de	dz gung, niyalma be duibulere de,
子曰不患人之不己知	* kungdz i henduhe, niyalmai beyebe sarkū jalin joborakū	fudz hendume, niyalma, beyebe sarkū de ume joboro,
子曰不逆詐	* kungdz i henduhe, holtombi seme tosorakū	fudz hendume, argadambi seme tosorakū,,
微生畝謂孔子曰	* wei šeng mu, kungdz be henduhe	wei šeng mu, kungdz i baru hendume,

子曰驥不稱其力	* kungdz i henduhe, gi i hūsun be tukiyerakū	fudz hendume, giluk morin serengge, terei hūsun be tukiyerengge waka,
或曰以德報怨	* gūwa i henduhe, kimun de erdemu i karulaci	gūwa hendume, kimun de erdemu i karulaci,
子曰莫我知也夫	* kungdz i ḥenduhe, mimbe sarangge akū	fudz hendume, mimbe sarangge akū ni,
公伯寮愬子路於季孫	gung be liyoo, dz lu be, gi sun de ehecuhe	gung be liyoo, gi sun halangga de dz lu be ehecuhe be,
子曰賢者辟世	kungdz i henduhe, mergen urse jalan ci jailambi	fudz hendume, mergen urse jalan ci jailambi,,

子曰作者七人矣	kungdz i henduhe, jailahangge nadan niyalma	fudz hendume, deribuhengge, nadan niyalma oho kai,,
子路宿於石門	dz lu, ši men de deduhe	dz lu, ši men i bade tataha de,
子擊磬於衛	fudz wei de, king foriha	fudz, wei gurun de kingken forire de,
子張曰書云	dz jang ni henduhe, šu ging de henduhengge	dz jang hendume, dasan i nomun de henduhe,
子曰上好禮	kungdz i henduhe, dergi dorolon de amuran oci	fudz hendume, dergingge, dorolon de amuran oci,

子路問君子	dz lu, ambasa saisa be fonjiha	dz lu, ambasa saisa be fonjire jakade,
原壤夷俟	yuwan žang, dodome tefi aliyara de	yuwan žang, dodome tefi aliyara jakade,
闕黨童子將命	kiowei dang ni haha jui gisun be ulara de	kiowei dang gašan i ajige jui be, gisun ulabure jakade,
衛靈公問陳於孔子	wei ling gung, kungdz de faidan be fonjiha	wei gurun i ling gung, kungdz de faidan be fonjire jakade,
子曰賜也女以予爲多學而識之者與	* kungdz i henduhe, sy si mimbe ambula tacifi ejehengge sembio	fudz hendume, sy si, mimbe ambula tacifi ejehengge sembio,,

子曰由知德者鮮矣	* kungdz i henduhe, io, erdemu be sarangge komso	fudz hendume, io, erdemu be sarangge komso kai,,
子曰無爲而治者	* kungdz i henduhe, faššan akū taifin oho	fudz hendume, uilen akū dasabuhangge,
子張問行	* dz jang yabun be fonjire jakade	dz jang yabun be fonjire jakade,
子曰直哉史魚	* kungdz i henduhe, ši ioi tondo kai	fudz hendume, suduri hafan ioi sijirhūn kai,
子曰可與言而不與之言	kungdz i henduhe, gisureci ojorongge de gisurerakū oci	fudz hendume, emgi gisureci ojorongge de gisurerakū oci,

子曰志士仁人	kungdz i henduhe, gūningga saisa, gosingga niyalma	fudz hendume, mujingga saisa, gosingga niyalma,
子貢問爲仁	dz gung, gosin ojoro be fonjiha	dz gung, gosin be yabure be fonjire jakade,
顏淵問爲邦	yan yuwan i gurun be dasara be fonjiha	yan yuwan, gurun be dasara be fonjire jakade,
子曰人無遠慮	kungdz i henduhe, niyalma goro bodorakū	fudz hendume, niyalma de goro seolen akū oci,
子曰已矣乎	kungdz i henduhe, usaka	fudz hendume, usaka joo,,

子曰臧文仲其竊位者與	kungdz i henduhe, dzang wen jung tere soorin be hūlhahangge dere	fudz hendume, dzang wen jung, tere tušan be hūlhahangge dere,,
子曰躬自厚	kungdz i henduhe, beye, beye be jiramin	fudz hendume, beye beyebe niša,
子曰不曰如之何如之何者	kungdz i henduhe, adarame ojoro, adarame ojoro serakū oci	fudz hendume, adarame ojoro, adarame ojoro serakū oci,
子曰羣居終日	kungdz i henduhe, inenggidari feniyeleme tefi	fudz hendume, šuntuhuni feniyelefi teceme,
子曰君子義以爲質	kungdz i henduhe, ambasa saisa jurgan be da obufi	fudz hendume, ambasa saisa, jurgan be da obufi,

子曰君子病無能焉	kungdz i henduhe, ambasa saisa, muterakū de jobombi	fudz hendume, ambasa saisa, muten akū de jobombi,,
子曰君子疾沒世	kungdz i henduhe, ambasa saisa, jalan wajitala	fudz hendume, ambasa saisa, jalan duhentele
子曰君子求諸己	kungdz i henduhe, ambasa saisa, beye de baimbi	fudz hendume, ambasa saisa, beye de baimbi,
子曰君子矜而不爭	kungdz i henduhe, ambasa saisa, ambalinggū bime temšen akū	fudz hendume, ambasa saisa, fakjilambime temšen akū,,
子曰君子不以言舉人	kungdz i henduhe, ambasa saisa, gisun i turgunde niyalma be tukiyerakū	fudz hendume, ambasa saisa, gisun i turgunde niyalma be tukiyerakū,,

子貢問曰有一言而可以終身行之者乎	dz gung ni fonjiha emu gisun de beye dubentele yabuci ombio	dz gung fonjime, emu gisun de, beye dubentele yabuci ojorongge bio,,
子曰吾之於人也	kungdz i henduhe, bi, niyalma be	fudz hendume, bi, niyalma de,
子曰吾猶及史之闕文也	kungdz i henduhe, bi, hono suduri hafan i arara be sulabure	fudz hendume, bi, hono suduri hafan i arara be sulabure,
子曰巧言亂德	kungdz i henduhe, faksi gisun, erdemu be facuhūrambi	fudz hendume, faksi gisun, erdemu be facuhūrambi,,
子曰眾惡之必察焉	kungdz i henduhe, geren ubiyaci urunakū kimci	fudz hendume, geren ubiyaci, urunakū kimci,

子曰人能弘道	kungdz i henduhe, niyalma, doro be badarambume mutembi	fudz hendume, niyalma, doro be badarambume mutembi,,
子曰過而不改	* kungdz i henduhe, endebuhe be halarakū oci	fudz hendume, endebuhe be halarakū oci,
子曰吾嘗終日不食	* kungdz i henduhe, bi kemuni šun tuhetele jeterakū	fudz hendume, bi kemuni šuntuhuni jeterakū,
子曰君子謀道	* kungdz i henduhe, ambasa saisa, doro be kicembi	fudz hendume, ambasa saisa, doro be kicembi,
子曰知及之仁不能守之	* kungdz i henduhe, mergen isinafi, gosin tuwakiyame muterakū oci	fudz hendume, mergen isinacibe, gosin tuwakiyame muterakū oci,

子曰君子不可小知	* kungdz i henduhe, ambasa saisa be ajige bade saci ojorakū	fudz hendume, ambasa saisa be, ajige bade saci ojorakū,,
子曰民之於仁也	* kungdz i henduhe, irgen de gosin	fudz hendume, irgen, gosin de,
子曰當仁不讓於師	* kungdz i henduhe, gosin ojoro be sefu de seme anaburakū	fudz hendume, gosin be teisulehe de, sefu seme anabuci ojorakū,,
子曰君子貞而不諒	* kungdz i henduhe, ambasa saisa akdun bime memererakū	fudz hendume, ambasa saisa, jekdun bime memeren akū,,
子曰事君敬其事	* kungdz i henduhe, ejen be weilere de baita be ginggulehe manggi	fudz hendume, ejen be uilere de, baita be ginggulembime,

子曰有教無類	* kungdz i henduhe, tacibure dabala ilgarakū	fudz hendume, tacibure dabala, ilgarakū,,
子曰道不同	kungdz i henduhe, doro adali akū oci	fudz hendume, doro adali akū oci,
子曰辭達而已矣	kungdz i henduhe, gisun hafuci wajiha	fudz hendume, gisun hafuci wajiha,,
師冕見	ši miyan acanjifi	kumun i hafan miyan acanjifi,
季氏將伐顓臾	gi ši, juwan ioi be dailaki serede	gi halangga, juwan ioi gurun be dailaki serede,

孔子曰天下有道	kungdz i henduhe, abkai fejergi de doro bici	kungdz hendume, abkai fejergi de doro bici,
孔子曰祿之去公室	kungdz i henduhe, alban, siden i boo ci aljafi	kungdz hendume, alban, siden i boo ci aljafi,
孔子曰益者三友	kungdz i henduhe, nonggirengge ilan gucu	kungdz hendume, nonggibure gucu ilan,,
孔子曰益者三樂	* kungdz i henduhe, unggirengge ilan buyen	kungdz hendume, nonggibure buyen ilan,,
孔子曰侍於君子	* kungdz i henduhe, ambasa saisa i ashan de bisire de	kungdz hendume, ambasa saisai ashan de bisire de,

孔子曰君子有三戒	* kungdz i henduhe, ambasa saisa de ilan targacun bi	kungdz hendume, ambasa saisa de ilan targacun bi,,
孔子曰君子有三畏	* kungdz i henduhe, ambasa saisa de ilan olhocu bi	kungdz hendume, ambasa saisa de ilan olhocun bi,,
孔子曰生而知之者	kungdz i henduhe, banitai sarangge	kungdz hendume, banitai sarangge,
孔子曰君子有九思	kungdz i henduhe, ambasa saisa de gūnirengge uyun bi	kungdz hendume, ambasa saisa de gūnirengge uyun bi,,
孔子曰見善如不及	kungdz i henduhe, sain be saha de amcarakū i adali	kungdz hendume, sain be sabuha de amcarakū i adali,

孔子曰齊景公有馬千駟	ci ging gung de duin minggan morin bi	kungdz hendume, ci gurun i ging gung de, minggan šohan i morin bihe,,
陳亢問於伯魚曰	cen g'ang, be ioi de fonjiha	cen g'ang, be ioi de fonjime,
邦君之妻	gurun i ejen i sargan	gurun i ejen i sargan be,
陽貨欲見孔子	yang ho, kungdz de acaki	yang ho, kungdz be acaki sembime,
子曰性相近也	kungdz i henduhe, banin ishunde hanci	fudz hendume, banin ishunde hanci,,

子曰惟上知與下愚不移	kungdz i henduhe, dergi mergen, fajergi mentuhun gurirakū	fudz hendume, damu ten i mergen, dubei mentuhun ningge, gurirakū,,
子之武城	fudz u ceng de genefi	fudz, u ceng hoton de genefi,
公山弗擾以費畔	gung šan fu žoo, mi de ubašafi	gung šan fu žoo, mi i bade ubašafi,
子張問仁於孔子	dz jang gosin be kungdz de fonjire jakade	dz jang, kungdz de gosin be fonjire jakade,
佛肸召	bi hi i soliha de	bi hi i solinjiha de,

子曰由也女聞六言		kungdz i henduhe io, si ninggun gisun i ninggun dalibun be donjihao		fudz hendume, io si, ninggun gisun … be donjihao,,
子曰小子何莫學夫詩		kungdz i henduhe juse ainu ši ging tacirakū		fudz hendume, juse suwe, ainu irgebun i nomun be tacirakū ni,,
子謂伯魚曰		kungdz be ioi i baru henduhe		fudz, be ioi i baru hendume,
子曰禮云禮云		kungdz i henduhe dorolon, dorolon seme henduhengge		fudz hendume, dorolon, dorolon seme henduhengge,
子曰色厲而內荏		kungdz i henduhe cira olhocuka bime, dolo uhuken ningge		fudz hendume, cira fafungga bime, dolo uhuken ningge,

子曰鄉原德之賊也	kungdz i henduhe gašan i nomhon erdemu i ebderen kai	fudz hendume, gašan i nomhon serengge erdemu i ebderen kai,,
子曰道聽而塗說	kungdz i henduhe, jugūn de donjifi, giyai de gisureci	fudz hendume, jugūn de donjifi, giyai de gisurerengge,
子曰鄙夫可與事君也與哉	kungdz i henduhe, oshon niyalmai emgi ejen be wileci ombio	fudz hendume, osokon niyalmai emgi ejen be uileci ombio,,
子曰古者民有三疾	kungdz i henduhe, julgei irgen de, ilan nimeku bihe	fudz hendume, julgei irgen de, ilan nimeku bihe,,
子曰惡紫之奪朱也	kungdz i henduhe, šušu be ubiyangge, fulgiyan be durire turgun	fudz hendume, šušu i fulgiyan be durire be ubiyambi,,

子曰予欲無言	* kungdz i henduhe, bi gisurerakū oki sembi	fudz hendume, bi, gisurerakū oki sembi,,
孺悲欲見孔子	* žu bei, kungdz be acaki serede	žu bei, kungdz be acaki serede,
宰我問三年之喪	* dzai o fonjiha ilan aniya i sinagan	dzai o fonjime, ilan aniya sinagalarangge,
子曰飽食終日	* kungdz i henduhe, ineggidari ebitele jeme	fudz hendume, ineggidari ebitele jeme,
子路曰君子尚勇乎	* dz lu i henduhe, ambasa saisa baturu be wesihulembio	dz lu hendume, ambasa saisa, baturu be wesihulembio,,

子貢曰君子亦有惡乎	* dz gung ni henduhe, ambasa saisa de inu ubiyarangge bio	dz gung hendume, ambasa saisa de, inu ubiyarangge bio,,
子曰唯女子與小人	* kungdz i henduhe, damu hehesi, buya niyalma be	fudz hendume, damu hehesi, buya niyalma be
子曰年四十而見惡焉	* kungdz i henduhe, dehi se ofi ubiyabuci	fudz hendume, dehi se otolo ubiyabuci,
微子去之	* wei dz genehe	wei dz genehe,,
柳下惠爲士師	lio hiya hūi ši ši hafan ofi	lio hiya hūi, beidere hafan ofi,

齊景公待孔子	ci ging gung, kungdz be kundulere jalin hendume	ci gurun i ging gung, kungdz be kundulere jalin,
齊人歸女樂	ci i niyalma, hehesi kumun benjihe be	ci gurun i niyalma, hehesi kumun benjihe be,
楚狂接輿歌	cu i balama jiyei ioi uculeme	cu gurun i balama jiyei ioi, … uculeme
長沮桀溺耦而耕	cang jioi, giyei ni adafi tarimbihebi	cang jioi, giyei ni, acihilafi tarimbihebi,,
子路從而後	dz lu, damala tutafi	dz lu, dahalara de amarifi,

逸民伯夷叔齊	sula irgen be i, šu ci	sula irgen, be i, šu ci,
太師摯適齊	tai ši jyi, ci de genehe	kumun be aliha hafan jyi, ci gurun de genehe,,
周公謂魯公曰	jeo gung, lu gung ni baru henduhe	jeo gung, lu gung ni baru henduhengge,
周有八士	jeo gurun de jakūn saisa behebi	jeo gurun de jakūn saisa behebi,,
子張曰士見危致命	dz jang ni henduhe, saisa efujere be sahade ergen be šelembi	dz jang hendume, tacire urse tuksicuke be sabuha de, ergen be šelere,

子張曰執德不弘	dz jang ni henduhe, erdemu be jafahangge amban akū	dz jang hendume, erdemu be tuwakiyahangge, lergiyen akū,
子夏之門人	dz hiya i šabi	dz hiya i šabi,
子夏曰雖小道	dz hiya i henduhe, udu ajige doro seme	dz hiya hendume, udu ajige doro seme,
子夏曰日知其所亡	dz hiya i henduhe, inenggidari ini akū be sara	dz hiya hendume, inenggidari ini akūngge be sara,
子夏曰博學而篤志	dz hiya i henduhe, ambula tacimbime, gūnin be hing seme obure	dz hiya hendume, ambula tacimbime, mujin hing sere,

子夏曰百工居肆	dz hiya i henduhe, tanggū faksisa kūwaran de tefi	dz hiya hendume, tanggū faksisa kūwaran de tefi,
子夏曰小人之過也必文	dz hiya i henduhe, buya niyalma, endebuku be urunakū miyamimbi	dz hiya hendume, buya niyalma endebuci, urunakū miyamimbi,,
子夏曰君子有三變	dz hiya i henduhe, ambasa saisa de ilan kūbulin bi	dz hiya hendume, ambasa saisa de, ilan kūbulin bi,,
子夏曰君子信而後勞其民	dz hiya i henduhe, ambasa saisa akdabuha manggi, teni irgen be suilabumbi	dz hiya hendume, ambasa saisa, akdabuha manggi, teni irgen be suilabumbi,,
子夏曰大德不踰閑	dz hiya i henduhe, amba erdemu biregen be dabarakū	dz hiya hendume, amba erdemu, kemun be dabarakū oci,

子游曰子夏之門人	dz io i henduhe, dz hiya i dukai šabisa	dz io hendume, dz hiya i dukai šabisa,
子夏曰仕而優則學	dz hiya i henduhe, hafan tefi fulu oci tacimbi	dz hiya hendume, hafan tefi fulu oci, tacimbi,
子游曰喪致乎哀而止	dz io i henduhe, sinagan de gosihon be akūmbuci wajiha dabala	dz io hendume, sinagan de gosiholoro be akūmbuci wajiha dabala,,
子游曰吾友張也	dz io i henduhe, mini gucu jang	dz io hendume, mini gucu jang,
曾子曰堂堂乎張也	dzengdz i henduhe, hoo serengge jang kai	dzengdz hendume, hoo hoo serengge, jang kai,,

曾子曰吾聞諸夫子	dzengdz i henduhe, mini fudz de donjihangge	dzengdz hendume, mini fudz de donjihangge,
曾子曰吾聞諸夫子孟莊子之孝也	dzengdz i henduhe, mini fudz de donjihangge meng juwang dz i hiyoošun	dzengdz hendume, mini fudz de donjihangge, meng juwang dz i hiyoošun,
孟氏使陽膚爲士師	meng ši, yang fu be, ši ši hafan obure jakade	meng halangga, yang fu be, beidere hafan obuha manggi,
子貢曰紂之不善	dz gung ni henduhe, juo i sain akūngge	dz gung hendume, juo i sain akūngge,,
衛公孫朝問於子貢曰	* wei i gung sun coo, dz gung de fonjihe	wei gurun i gung sun coo, dz gung de fonjime,

叔孫武叔語大夫於朝曰	* šu sun u šu, yamulaha bade daifu hafasai baru alame henduhe	šu sun u šu, hargašan de, daifasai baru alame hendume,
叔孫武叔毀仲尼	* šu sun u šu, jung ni be wakašara de	šu sun u šu, jung ni be wakašara de,
陳子禽謂子貢曰	* cen dz kin, dz gung ni baru henduhe	cen dz kin, dz gung ni baru hendume,
子曰不知命	* kungdz i henduhe, hesebun be sarakū oci	fudz hendume, hesebun be sarkū oci,

資料說明：羅馬拼音上有「＊」者，爲影印限制無法取得滿文原文影像，而以打字還原。

附錄二　康熙朝日講《四書》起訖表

日　期	時	地點	講　官	日　講　內　容	書名
11/4/15	巳	弘德殿	熊賜履、孫在豐	子夏曰賢賢易色一章	論語
11/4/19	辰	弘德殿	熊賜履、史大成、孫在豐	子曰君子不重則不威一章	論語
11/4/22	巳	弘德殿	熊賜履、史大成、孫在豐	曾子曰愼終追遠一章	論語
11/4/24	辰	弘德殿	熊賜履、史大成、孫在豐	子禽問於子貢曰夫子至於是邦也一章	論語
11/4/26	辰	弘德殿	熊賜履、史大成、孫在豐	子曰父在觀其志一章	論語
11/4/28	辰	弘德殿	傅達禮、熊賜履、史大成、孫在豐	有子曰禮之用一章	論語
11/4/30	辰	弘德殿	傅達禮、熊賜履、史大成、孫在豐	有子曰信近於義一章	論語
11/5/2	辰	弘德殿	傅達禮、熊賜履、史大成、孫在豐	子曰君子食無求飽一章	論語
11/5/4	辰	弘德殿	傅達禮、熊賜履、史大成、孫在豐	子貢曰貧而無諂一章	論語
11/5/9	辰	弘德殿	傅達禮、熊賜履、史大成、孫在豐	子曰不患人之不己知一章	論語
11/5/11	辰	弘德殿	傅達禮、熊賜履、史大成、孫在豐	子曰爲政以德一章	論語
11/5/13	辰	弘德殿	傅達禮、熊賜履、史大成、孫在豐	子曰詩三百一章	論語
11/5/15	辰	弘德殿	傅達禮、熊賜履、史大成、孫在豐	子曰道之以政一章	論語

11/5/17	辰	弘德殿	傅達禮、熊賜履、史大成、孫在豐	子曰吾十有五而志於學一章	論語
11/5/19	辰	弘德殿	傅達禮、熊賜履、史大成、孫在豐	孟懿子問孝一章	論語
11/5/22	辰	弘德殿	傅達禮、熊賜履、史大成、孫在豐	孟武伯問孝一章	論語
11/7*/25	辰	弘德殿	傅達禮、熊賜履、史大成、孫在豐	子游問孝一章	論語
11/7*/27	巳	弘德殿	傅達禮、熊賜履、史大成、孫在豐	子夏問孝一章	論語
11/7*/29	巳	弘德殿	傅達禮、熊賜履、史大成、孫在豐	子曰吾與回言終日一章	論語
11/8/8	巳	弘德殿	傅達禮、熊賜履、史大成、孫在豐	子曰視其所以一章	論語
11/8/12	辰	弘德殿	傅達禮、熊賜履、史大成、孫在豐	子曰溫故而知新一章	論語
11/8/14	辰	弘德殿	傅達禮、熊賜履、史大成、孫在豐	子曰君子不器一章	論語
11/8/16	辰	弘德殿	傅達禮、熊賜履、史大成、孫在豐	子貢問君子一章、子曰君子周而不比一章	論語
11/8/17	辰	弘德殿	傅達禮、熊賜履、史大成、孫在豐	子曰學而不思則罔一章、子曰攻乎異端一章	論語
11/10/16	辰	弘德殿	傅達禮、熊賜履、史大成、杜臻	子曰由誨女知之乎一章、子張學干祿一章	論語
11/10/18	辰	弘德殿	傅達禮、熊賜履、史大成、杜臻	哀公問曰何爲則民服一章、季康子問使民敬忠以勸一章	論語
11/10/20	辰	弘德殿	傅達禮、熊賜履、史大成、杜臻	或謂孔子曰子奚不爲政一章、子曰人而無信不知其可也一章	論語
11/10/22	辰	弘德殿	傅達禮、熊賜履、史大成、孫在豐	子張問十世可知一章、子曰非其鬼而祭之諂也一章	論語
11/10/24	辰	弘德殿	傅達禮、熊賜履、史大成、孫在豐	孔子謂季氏一章	論語
11/10/26	辰	弘德殿	傅達禮、熊賜履、史大成、孫在豐	三家者以雍徹一章	論語
11/10/28	辰	弘德殿	傅達禮、熊賜履、史大成、孫在豐	子曰人而不仁一章	論語

12/3/2	辰	弘德殿	傅達禮、熊賜履、孫在豐	林放問禮之本一章、子曰夷狄之有君一章、季氏旅於泰山一章	論語
12/3/3	辰	弘德殿	傅達禮、熊賜履、孫在豐	子曰君子無所爭一章、子夏問曰巧笑倩兮一章	論語
12/3/5	辰	弘德殿	傅達禮、熊賜履、孫在豐	子曰夏禮吾能言之一章	論語
12/3/6	辰	瀛臺	傅達禮、熊賜履、孫在豐	子曰禘自既灌而往者一章、或問禘之說一章	論語
12/3/7	辰	瀛臺	傅達禮、熊賜履、孫在豐	祭如在一章、王孫賈問曰一章	論語
12/3/8	辰	瀛臺	傅達禮、熊賜履、孫在豐	子曰周監於二代一章	論語
12/3/9	辰	弘德殿	傅達禮、熊賜履、孫在豐	子入大廟一章	論語
12/3/10	辰	弘德殿	傅達禮、熊賜履、孫在豐	子曰射不主皮一章、子貢欲去告朔之餼羊一章、子曰事君盡禮一章	論語
12/3/11	辰	弘德殿	傅達禮、熊賜履、孫在豐	定公問君使臣一章	論語
12/3/12	辰	弘德殿	傅達禮、熊賜履、孫在豐	子曰關雎樂而不淫一章、哀公問社於宰我一章、子曰管仲之器小哉一章	論語
12/3/13	辰	弘德殿	傅達禮、熊賜履、孫在豐	子語魯大師樂曰一章、儀封人請見一章	論語
12/3/15	辰	弘德殿	傅達禮、熊賜履、孫在豐	子謂韶盡美矣一章、子曰居上不寬一章	論語
12/3/16	辰	弘德殿	傅達禮、熊賜履、孫在豐	子曰里仁爲美一章	論語
12/3/22	辰	弘德殿	喇沙里、孫在豐	子曰不仁者不可以久處約一章	論語
12/3/24	辰	弘德殿	傅達禮、熊賜履、孫在豐	子曰惟仁者一章、子曰苟志於仁矣一章、子曰富與貴是人之所欲也一章	論語
12/3/25	辰	弘德殿	喇沙里、孫在豐	子曰我未見好仁者一章	論語
12/3/26	辰	弘德殿	傅達禮、熊賜履、孫在豐	子曰人之過也各於其黨一章、子曰朝聞道一章、子曰士志於道一章	論語

12/4/3	辰	弘德殿	傅達禮、熊賜履、孫在豐	子曰君子之於天下也一章、子曰君子懷德一章、子曰放於利而行一章、子曰能以禮讓爲國乎一章、子曰不患無位一章	論語
12/4/5	辰	弘德殿	傅達禮、熊賜履、孫在豐	子曰參乎吾道一以貫之一章	論語
12/4/6	辰	弘德殿	傅達禮、熊賜履、孫在豐	子曰君子喻於義一章、子曰見賢思齊焉一章	論語
12/4/7	辰	弘德殿	傅達禮、熊賜履、孫在豐	子曰事父母幾諫一章、子曰父母在不遠遊一章、子曰父母之年不可不知也一章	論語
12/4/8	辰	弘德殿	傅達禮、熊賜履、孫在豐	子曰古者言之不出一章、子曰以約失之者鮮矣一章、子曰君子欲訥於言一章	論語
12/4/9	辰	弘德殿	傅達禮、熊賜履、孫在豐	子曰德不孤一章、子游曰事君數一章、子謂公冶長一章	論語
12/4/10	辰	弘德殿	傅達禮、熊賜履、孫在豐	子謂子賤一章、子貢問曰賜也何如一章、或曰雍也仁而不佞一章	論語
12/4/12	辰	弘德殿	傅達禮、熊賜履、孫在豐	子使漆雕開仕一章	論語
12/4/13	辰	弘德殿	傅達禮、熊賜履、孫在豐	子曰道不行一章	論語
12/4/14	辰	弘德殿	傅達禮、熊賜履、孫在豐	孟武伯問子路仁乎一章、子謂子貢曰女與回也孰愈一章	論語
12/4/18	辰	前殿	傅達禮、史鶴齡、張英	宰予晝寢一章、子曰吾未見剛者一章	論語
12/4/19	辰	前殿	傅達禮、史鶴齡、張英	子貢曰我不欲人之加諸我也一章、子貢曰夫子之文章可得而聞也一章、子路有聞一章	論語
12/4/20	辰	前殿	傅達禮、史鶴齡、張英	子貢問曰孔文子何以謂之文也一章	論語
12/4/22	辰	前殿	傅達禮、史鶴齡、張英	子謂子產一章、子曰晏平仲善與人交一章	論語
12/4/23	卯	前殿	傅達禮、史鶴齡、張英	子曰臧文仲居蔡一章、子張問曰令尹子文三仕爲令尹一章	論語
12/4/25	辰	前殿	傅達禮、史鶴齡、張英	季文子三思而後行一章	論語

12/4/26	辰	前殿	傅達禮、史鶴齡、張英	子曰甯武子邦有道則知一章	論語
12/5/1	辰	弘德殿	傅達禮、熊賜履、孫在豐	子在陳曰歸與歸與一章、子曰伯夷叔齊不念舊惡一章、子曰孰謂微生高直一章、子曰巧言令色足恭一章	論語
12/5/3	辰	弘德殿	傅達禮、熊賜履、孫在豐	顏淵季路侍一章	論語
12/5/10	辰	弘德殿	傅達禮、熊賜履、孫在豐	子曰已矣乎一章、子曰十室之邑一章	論語
12/5/12	辰	弘德殿	傅達禮、熊賜履、孫在豐	子曰雍也可使南面一章、哀公問弟子孰爲好學一章	論語
12/5/13	辰	弘德殿	傅達禮、李仙根、孫在豐	子華使於齊一章	論語
12/5/14	辰	弘德殿	傅達禮、李仙根、孫在豐	子謂仲弓曰一章、子曰回也其心三月不違仁一章	論語
12/5/15	辰	弘德殿	傅達禮、李仙根、孫在豐	季康子問仲由可使從政也與一章、季氏使閔子騫爲費宰一章、伯牛有疾一章	論語
12/5/16	辰	弘德殿	傅達禮、熊賜履、孫在豐	子曰賢哉回也一章、冉求曰非不說子之道一章、子謂子夏曰女爲君子儒一章	論語
12/5/17	辰	弘德殿	傅達禮、熊賜履、孫在豐	子游爲武城宰一章、子曰孟之反不伐一章	論語
12/5/18	辰	弘德殿	傅達禮、熊賜履、孫在豐	子曰不有祝鮀之佞一章、子曰誰能出不由戶一章	論語
12/5/20	辰	弘德殿	傅達禮、熊賜履、孫在豐	子曰質勝文則野一章、子曰人之生也直一章	論語
12/5/21	辰	弘德殿	傅達禮、熊賜履、孫在豐	子曰知之者不如好之者一章、子曰中人以上一章、樊遲問知一章	論語
12/5/22	辰	弘德殿	傅達禮、熊賜履、孫在豐	子曰知者樂水一章、子曰齊一變一章	論語
12/5/23	辰	弘德殿	傅達禮、熊賜履、孫在豐	子曰觚不觚一章、宰我問曰一章	論語
12/5/24	辰	弘德殿	傅達禮、熊賜履、孫在豐	子曰君子博學於文一章、子見南子一章	論語

12/5/25	辰	弘德殿	傅達禮、熊賜履、孫在豐	子曰中庸之爲德也一章、子貢曰如有博施於民一章、子曰述而不作一章	論語
12/5/26	辰	弘德殿	傅達禮、熊賜履、孫在豐	子曰默而識之一章、子曰德之不修一章、子之燕居一章、子曰甚矣吾衰也一章	論語
12/5/27	辰	弘德殿	傅達禮、熊賜履、孫在豐	子曰志於道一章、子曰自行束脩以上一章、子曰不憤不啓一章、子食於有喪者之側一章	論語
12/5/28	辰	弘德殿	傅達禮、熊賜履、孫在豐	子謂顏淵曰用之則行一章、子曰富而可求也一章、子之所愼一章、子在齊聞韶一章	論語
12/5/29	辰	弘德殿	傅達禮、熊賜履、孫在豐	冉有曰夫子爲衛君乎一章、子曰飯疏食飲水一章、子曰加我數年一章	論語
12/7/8	辰	弘德殿	傅達禮、熊賜履、孫在豐	子所雅言一章、葉公問孔子於子路一章、子曰我非生而知之者一章	論語
12/7/10	早	前殿	傅達禮、孫在豐、張英	子不語一章、子曰三人行一章、子曰天生德於予一章	論語
12/7/11	早	前殿	傅達禮、孫在豐、張英	子曰二三子以我爲隱乎一章、子以四教一章	論語
12/7/12	早	前殿	傅達禮、孫在豐、編修張英	子曰聖人吾不得而見之矣一章、子釣而不綱一章	論語
12/7/13	早	前殿	傅達禮、孫在豐、張英	子曰蓋有不知而作之者一章、互鄉難與言一章	論語
12/7/15	早	前殿	傅達禮、孫在豐、張英	子曰仁遠乎哉一章、陳司敗問昭公知禮乎一章	論語
12/7/16	早	前殿	傅達禮、孫在豐、張英	子與人歌一章、子曰文莫吾猶人也一章、子曰若聖與仁則吾豈敢一章	論語
12/7/17	早	前殿	傅達禮、孫在豐、張英	子疾病一章、子曰奢則不孫一章	論語
12/7/18	早	前殿	傅達禮、孫在豐、張英	子曰君子坦蕩蕩一章、子溫而厲一章、子曰泰伯其可謂至德也已矣一章	論語
12/7/19	早	前殿	傅達禮、孫在豐、張英	子曰恭而無禮則勞一章、曾子有疾召門弟子曰一章、曾子有疾孟敬子問之一章、曾子曰以能問於不能一章	論語

12/7/20	早	前殿	傅達禮、孫在豐、張英	曾子曰可以託六尺之孤一章	論語
12/7/21	早	前殿	傅達禮、孫在豐、張英	曾子曰士不可以不弘毅一章	論語
12/7/22	早	前殿	傅達禮、孫在豐、張英	子曰興於詩一章	論語
12/7/23	早	前殿	傅達禮、孫在豐、張英	子曰民可使由之一章、子曰好勇疾貧亂也一章	論語
12/7/26	辰	弘德殿	傅達禮、熊賜履、孫在豐	子曰如有周公之才之美一章、子曰三年學一章	論語
12/8/2	辰	弘德殿	傅達禮、熊賜履、孫在豐	子曰篤信好學一章、子曰不在其位一章	論語
12/8/3	辰	弘德殿	傅達禮、熊賜履、孫在豐	子曰狂而不直一章	論語
12/8/5	辰	弘德殿	傅達禮、熊賜履、孫在豐	子曰學如不及一章、子曰巍巍乎舜禹之有天下也一章	論語
12/8/6	辰	弘德殿	傅達禮、熊賜履、孫在豐	子曰大哉堯之爲君也一章、舜有臣五人一章	論語
12/8/7	辰	弘德殿	傅達禮、熊賜履、孫在豐	子曰禹吾無間然矣一章、子罕言利與命與仁一章	論語
12/8/8	辰	弘德殿	傅達禮、熊賜履、孫在豐	達巷黨人曰大哉孔子一章、子曰麻冕禮也一章	論語
12/8/10	辰	弘德殿	傅達禮、熊賜履、孫在豐	子絕四一章、子畏於匡一章	論語
12/8/15	辰	弘德殿	傅達禮、熊賜履、孫在豐	子見齊衰者一章、顏淵喟然歎曰一章	論語
12/8/16	辰	弘德殿	傅達禮、熊賜履、孫在豐	子貢曰有美玉於斯一章、子欲居九夷一章	論語
12/8/18	辰	弘德殿	傅達禮、熊賜履、孫在豐	子在川上曰一章、子曰吾未見好德一章	論語
12/8/20	辰	弘德殿	傅達禮、熊賜履、孫在豐	子曰譬如爲山一章、子曰語之而不惰者一章	論語
12/8/21	辰	弘德殿	傅達禮、熊賜履、孫在豐	子謂顏淵曰一章、子曰苗而不秀者有矣夫一章	論語
12/8/23	辰	弘德殿	傅達禮、熊賜履、孫在豐	子曰後生可畏一章、子曰法語之言一章	論語
12/8/24	辰	弘德殿	熊賜履、喇沙里、孫在豐	子曰三軍可奪帥也一章、子曰衣敝緼袍一章	論語

12/8/25	辰	弘德殿	熊賜履、喇沙里、孫在豐	子曰歲寒然後知松栢之後彫也一章、子曰知者不惑一章	論語
12/8/26	辰	弘德殿	熊賜履、喇沙里、孫在豐	子曰可與共學一章、唐棣之華一章	論語
12/8/28	辰	弘德殿	熊賜履、喇沙里、孫在豐	孔子於鄉黨至色斯舉矣，共十七章	論語
12/8/29	辰	弘德殿	熊賜履、喇沙里、孫在豐	子曰先進於禮樂一章、子曰從我於陳蔡者一章	論語
12/9/2	辰	弘德殿	熊賜履、喇沙里、孫在豐	子曰回也非助我者也一章、子曰孝哉閔子騫一章、南容三復一章、季康子問弟子一章	論語
12/9/3	辰	弘德殿	熊賜履、喇沙里、孫在豐	顏淵死顏路請子之車一章、顏淵死子曰噫一章、顏淵死子哭之慟一章、顏淵死門人欲厚葬之一章、季路問事鬼神一章、閔子侍側一章、魯人爲長府一章	論語
12/9/5	辰	弘德殿	熊賜履、喇沙里、孫在豐	子曰由之瑟奚爲於丘之門一章、子貢問師與商也孰賢一章、季氏富於周公一章、柴也愚一章、子曰回也其庶乎一章	論語
12/9/6	辰	弘德殿	熊賜履、喇沙里、孫在豐	子張問善人之道一章、子曰論篤是與一章	論語
12/9/7	辰	弘德殿	熊賜履、喇沙里、孫在豐	子路問聞斯行諸一章、子畏於匡一章	論語
12/9/8	辰	弘德殿	熊賜履、喇沙里、孫在豐	季子然問仲由冉求可謂大臣與一章	論語
12/9/9	辰	弘德殿	熊賜履、喇沙里、孫在豐	子路使子羔爲費宰一章、子路曾晳冉有公西華侍坐一章、顏淵問仁一章。	論語
12/9/10	辰	弘德殿	熊賜履、喇沙里、孫在豐	仲弓問仁一章、司馬牛問仁一章、司馬牛問君子一章	論語
12/9/11	辰	弘德殿	熊賜履、喇沙里、孫在豐	司馬牛憂曰一章、子張問明一章、子貢問政一章	論語
12/9/12	辰	弘德殿	熊賜履、喇沙里、孫在豐	棘子成曰君子質而已矣、哀公問於有若曰一章、子張問崇德辨惑一章。	論語
12/9/13	辰	弘德殿	熊賜履、喇沙里、孫在豐	齊景公問政於孔子一章、子曰片言可以折獄者一章、子曰聽訟吾猶人也一章	論語

12/9/14	辰	弘德殿	熊賜履、喇沙里、孫在豐	子張問政一章、子曰君子成人之美一章、季康子問政一章	論語
12/9/15	辰	弘德殿	熊賜履、喇沙里、孫在豐	季康子患盜問於孔子一章、季康子問政於孔子一章、子張問士一章、樊遲從遊於舞雩之下一章	論語
12/9/16	辰	弘德殿	熊賜履、喇沙里、孫在豐	樊遲問仁一章、子貢問友一章	論語
12/9/17	辰	弘德殿	熊賜履、喇沙里、孫在豐	曾子曰君子以文會友一章、子路問政一章、仲弓爲季氏宰一章	論語
12/9/18	辰	弘德殿	熊賜履、喇沙里、孫在豐	子路曰衛君待子而爲政一章	論語
12/9/19	辰	弘德殿	熊賜履、喇沙里、孫在豐	樊遲請學稼一章、子曰誦詩三百一章、子曰其身正一章	論語
12/9/20	辰	弘德殿	熊賜履、喇沙里、孫在豐	子曰魯衛之政一章、子謂衛公子荊善居室一章、子適衛冉有僕一章、子曰苟有用我者一章	論語
12/9/21	辰	弘德殿	熊賜履、喇沙里、孫在豐	子曰善人爲邦百年一章、子曰如有王者一章、子曰苟正其身矣一章	論語
12/9/22	辰	弘德殿	熊賜履、喇沙里、孫在豐	冉有退朝一章、定公問一言而可以興邦有諸一章	論語
12/9/23	辰	弘德殿	喇沙里、孫在豐	葉公問政一章、子夏爲莒父宰問政一章、葉公語孔子曰一章、樊遲問仁一章	論語
12/9/24	辰	弘德殿	喇沙里、孫在豐、張英	子貢問曰何如斯可謂之士矣一章、子曰不得中行而與之一章、子曰南人有言一章	論語
12/9/25	辰	弘德殿	熊賜履、喇沙里、孫在豐	子曰君子和而不同一章、子貢問曰鄉人皆好之一章	論語
12/9/26	辰	弘德殿	熊賜履、喇沙里、孫在豐	子曰君子易事一章、子曰君子泰而不驕一章、子曰剛毅木訥一章、子路問曰何如斯可謂之士矣一章、子曰善人教民七年一章	論語
12/10/2	辰	弘德殿	熊賜履、喇沙里、孫在豐	子曰以不教民戰一章、憲問恥一章、克伐怨欲不行焉一章、子曰士而懷居一章、子曰邦有道危言危行一章	論語

12/10/3	辰	弘德殿	熊賜履、喇沙里、孫在豐	子曰有德者必有言一章、南宮适問於孔子曰羿善射一章、子曰君子而不仁者有矣夫一章	論語
12/10/4	辰	弘德殿	熊賜履、喇沙里、孫在豐	子曰愛之能勿勞乎一章、子曰爲命裨諶草創之一章、或問子產一章、子曰貧而無怨難一章、子曰孟公綽爲趙魏老則優一章	論語
12/10/5	辰	弘德殿	喇沙里、孫在豐、張英	子路問成人一章、子問公叔文子於公明賈曰一章	論語
12/10/6	辰	弘德殿	喇沙里、孫在豐、張英	子曰臧武仲以防求爲後於魯一章、子曰晉文公譎而不正一章、子路曰桓公殺公子糾一章	論語
12/10/7	辰	弘德殿	喇沙里、孫在豐、張英	子貢曰管仲非仁者與一章、公叔文子之臣大夫僎一章、子言衛靈公之無道也一章	論語
12/10/9	辰	弘德殿	熊賜履、喇沙里、孫在豐	子曰其言之不怍一章、陳成子弒簡公一章	論語
12/10/10	辰	弘德殿	熊賜履、喇沙里、孫在豐	子路問事君一章、子曰君子上達一章	論語
12/10/11	辰	弘德殿	熊賜履、喇沙里、孫在豐	子曰古之學者爲己一章、蘧伯玉使人於孔子一章	論語
12/10/12	辰	弘德殿	熊賜履、喇沙里、孫在豐	曾子曰君子思不出其位一章、子曰君子恥其言一章、子曰君子道者三一章	論語
12/10/14	辰	南殿	喇沙里、孫在豐、張英	子貢方人一章、子曰不患人之不己知一章、子曰不逆詐一章	論語
12/10/15	辰	南殿	喇沙里、孫在豐、張英	微生畝謂孔子曰一章、子曰驥不稱其力一章	論語
12/10/17	辰	南殿	喇沙里、孫在豐、張英	或曰以德報怨一章、子曰莫我知也夫一章	論語
12/10/18	辰	南殿	喇沙里、孫在豐、張英	公伯寮愬子路於季孫一章	論語
12/10/19	辰	南殿	喇沙里、孫在豐、張英	子曰賢者辟世一章、子曰作者七人矣一章、子路宿於石門一章	論語
12/10/21	辰	南殿	喇沙里、孫在豐、張英	子擊磬於衛一章、子張曰書云一章、子曰上好禮一章	論語

12/10/22	辰	南殿	喇沙里、孫在豐、張英	子路問君子一章、原壤夷俟一章、闕黨童子將命一章、衛靈公問陳於孔子一章	論語
12/10/23	辰	弘德殿	熊賜履、喇沙里、孫在豐	子曰賜也女以予爲多學而識之者與一章、子曰由知德者鮮矣一章、子曰無爲而治者一章	論語
12/10/24	辰	弘德殿	熊賜履、喇沙里、孫在豐	子張問行一章、子曰直哉史魚一章	論語
12/10/25	辰	弘德殿	熊賜履、喇沙里、孫在豐	子曰可與言而不與之言一章、子曰志士仁人一章、子貢問爲仁一章	論語
12/10/26	辰	弘德殿	熊賜履、喇沙里、孫在豐	顏淵問爲邦一章、子曰人無遠慮一章、子曰已矣乎一章、子曰臧文仲其竊位者與一章、子曰躬自厚一章	論語
12/10/27	辰	弘德殿	熊賜履、喇沙里、孫在豐	子曰不曰如之何如之何者一章、子曰羣居終日一章、子曰君子義以爲質一章、子曰君子病無能焉一章	論語
12/10/28	辰	弘德殿	熊賜履、喇沙里、孫在豐	子曰君子疾沒世一章、子曰君子求諸己一章、子曰君子矜而不爭一章、子曰君子不以言舉人一章	論語
12/10/29	辰	弘德殿	熊賜履、喇沙里、孫在豐	子貢問曰有一言而可以終身行之者乎一章、子曰吾之於人也一章、子曰吾猶及史之闕文也一章、子曰巧言亂德一章、子曰眾惡之必察焉一章、子曰人能弘道一章	論語
12/11/1	辰	弘德殿	熊賜履、喇沙里、孫在豐	子曰過而不改一章、子曰吾嘗終日不食一章、子曰君子謀道一章、子曰知及之仁不能守之一章、子曰君子不可小知一章、子曰民之於仁也一章、子曰當仁不讓於師一章、子曰君子貞而不諒一章	論語
12/11/2	辰	弘德殿	熊賜履、喇沙里、孫在豐	子曰事君敬其事一章、子曰有教無類一章、子曰道不同一章、子曰辭達而已矣一章、師冕見一章、季氏將伐顓臾一章、孔子曰天下有道一章、孔	論語

				子曰祿之去公室一章、孔子曰益者三友一章	
12/11/3	辰	弘德殿	熊賜履、喇沙里、孫在豐	孔子曰益者三樂一章、孔子曰侍於君子一章、孔子曰君子有三戒一章、孔子曰君子有三畏一章	論語
12/11/4	辰	弘德殿	熊賜履、喇沙里、孫在豐	孔子曰生而知之者一章、孔子曰君子有九思一章、孔子曰見善如不及一章、孔子曰齊景公有馬千駟一章、陳亢問於伯魚曰一章、邦君之妻一章、陽貨欲見孔子一章、子曰性相近也一章	論語
12/11/5	辰	弘德殿	熊賜履、喇沙里、孫在豐	子曰惟上知與下愚不移一章、子之武城一章、公山弗擾以費畔一章、子張問仁於孔子一章、佛肸召一章、子曰由也女聞六言一章、子曰小子何莫學夫詩一章、子謂伯魚曰一章	論語
12/11/6	辰	弘德殿	熊賜履、喇沙里、孫在豐	子曰禮云禮云一章、子曰色厲而內荏一章、子曰鄉原德之賊也一章、子曰道聽而塗說一章、子曰鄙夫可與事君也與哉一章、子曰古者民有三疾一章、子曰惡紫之奪朱也一章	論語
12/11/7	辰	弘德殿	熊賜履、喇沙里、孫在豐	子曰予欲無言一章、孺悲欲見孔子一章、宰我問三年之喪一章、子曰飽食終日一章	論語
12/11/8	辰	弘德殿	熊賜履、喇沙里、孫在豐	子路曰君子尚勇乎一章、子貢曰君子亦有惡乎一章、子曰唯女子與小人一章、子曰年四十而見惡焉、微子去之一章	論語
12/11/9	辰	弘德殿	熊賜履、喇沙里、孫在豐	柳下惠為士師一章、齊景公待孔子一章、齊人歸女樂一章、楚狂接輿歌一章、長沮桀溺耦而耕一章、子路從而後一章、逸民伯夷叔齊一章	論語
12/11/10	辰	弘德殿	熊賜履、喇沙里、孫在豐	太師摯適齊一章、周公謂魯公曰一章、周有八士一章、子張曰士見危致命一章、子張曰執德不弘一章、子夏之門人一章、子夏曰雖小道一章	論語

12/11/16	辰	弘德殿	熊賜履、喇沙里、孫在豐	子夏曰日知其所亡一章、子夏曰博學而篤志一章、子夏曰百工居肆一章、子夏曰小人之過也必文一章、子夏曰君子有三變一章	論語
12/11/17	辰	弘德殿	熊賜履、喇沙里、孫在豐	子夏曰君子信而後勞其民一章、子夏曰大德不踰閑一章、子游曰子夏之門人一章、子夏曰仕而優則學一章、子游曰喪致乎哀而止一章、子游曰吾友張也一章、曾子曰堂堂乎張也一章、曾子曰吾聞諸夫子一章、曾子曰吾聞諸夫子孟莊子之孝也一章、孟氏使陽膚爲士師一章、子貢曰紂之不善一章	論語
12/11/18	辰	弘德殿	熊賜履、喇沙里、孫在豐	衛公孫朝問於子貢曰一章、叔孫武叔語大夫於朝曰一章、叔孫武叔毀仲尼一章、陳子禽謂子貢曰一章	論語
12/11/19	辰	弘德殿	熊賜履、喇沙里、孫在豐	堯曰咨爾舜二節、曰予小子履一節、周有大賚五節、寬則得眾一節	論語
12/11/20	辰	弘德殿	熊賜履、喇沙里、孫在豐	子張問於孔子曰一節、子張曰何謂惠而不費一節、子張曰何謂四惡一節、子曰不知命一章	論語
12/11/21	辰	弘德殿	熊賜履、喇沙里、孫在豐	大學之道一章	大學
12/11/22	辰	弘德殿	熊賜履、喇沙里、孫在豐	康誥曰克明德一章、湯之盤銘曰一章、詩云邦畿千里二節、詩云穆穆文王一節	大學
12/11/23	辰	弘德殿	熊賜履、喇沙里、孫在豐	詩云瞻彼淇澳一節、詩云於戲前王不忘一節、子曰聽訟吾猶人也一章、右傳之五章一章	大學
12/11/24	辰	弘德殿	熊賜履、喇沙里、孫在豐	所謂誠其意者毋自欺也一節、小人閒居爲不善一節、曾子曰十目所視二節、所謂修身在正其心者一章	大學
12/11/25	辰	弘德殿	熊賜履、喇沙里、孫在豐	所謂齊其家在修其身者一章、所謂治國必先齊其家者一節、康誥曰如保赤子二節	大學

12/11/26	辰	弘德殿	熊賜履、喇沙里、孫在豐	堯舜帥天下以仁一節、詩云桃之夭夭四節、所謂平天下在治其國者一節、所惡於上毋以使下一節	大學
12/11/27	辰	弘德殿	熊賜履、喇沙里、孫在豐	詩云樂只君子二節、詩云殷之未喪師一節、是故君子先慎乎德一節、德者本也一節、外本內末一節、康誥曰惟命不于常一節	大學
12/11/28	辰	弘德殿	熊賜履、喇沙里、孫在豐	楚書曰楚國無以爲寶二節、秦誓曰若有一个臣一節、唯仁人放流之三節	大學
12/11/29	辰	弘德殿	熊賜履、喇沙里、孫在豐	是故君子有大道一節、生財有大道一節、仁者以財發身二節、孟獻子曰畜馬乘二節	大學
13/9/5	辰	弘德殿	熊賜履、喇沙里、孫在豐	天命之謂性三節	中庸
13/9/6	辰	弘德殿	熊賜履、喇沙里、孫在豐	喜怒哀樂之未發二節、仲尼曰君子中庸一章	中庸
13/9/8	辰	弘德殿	熊賜履、喇沙里、孫在豐	子曰中庸其至矣乎一章、子曰道之不行也一章、子曰道其不行矣夫一章、子曰舜其大知也與一章	中庸
13/9/9	辰	弘德殿	熊賜履、喇沙里、孫在豐	子曰人皆曰予知一章、子曰回之爲人也一章、子曰天下國家可均也一章、子路問強一章	中庸
13/9/11	辰	後殿	喇沙里、張英	子曰素隱一章、君子之道費而隱二節	中庸
13/9/14	辰	後殿	喇沙里、孫在豐、張英	詩云鳶飛戾天二節、子曰道不遠人三節	中庸
13/9/15	巳	後殿	喇沙里、孫在豐、張英	君子之道四一節、君子素其位而行一章、君子之道辟如行遠一章	中庸
13/9/16	辰	後殿	喇沙里、孫在豐、張英	子曰鬼神之爲德一章、子曰舜其大孝也與一節	中庸
13/9/17	辰	後殿	喇沙里、孫在豐、張英	故大德必得其位三節、子曰無憂者其惟文王乎一章、子曰武王周公其達孝矣乎二節	中庸
13/9/18	辰	後殿	喇沙里、孫在豐、張英	春秋脩其祖廟四節	中庸

13/9/19	辰	後殿	喇沙里、孫在豐、張英	哀公問政五節	中庸
13/9/21	辰	後殿	喇沙里、孫在豐、張英	故君子不可以不脩身三節	中庸
13/9/23	辰	弘德殿	喇沙里、孫在豐、張英	好學近乎知三節	中庸
13/9/24	辰	弘德殿	熊賜履、喇沙里、孫在豐	脩身則道立二節	中庸
13/9/26	辰	弘德殿	熊賜履、喇沙里、孫在豐	凡爲天下國家有九經三節	中庸
13/10/7	辰	弘德殿	熊賜履、喇沙里、孫在豐	誠者天之道也四節	中庸
13/10/8	辰	弘德殿	熊賜履、喇沙里、孫在豐	自誠明謂之性、唯天下至誠爲能盡其性二章	中庸
13/10/9	辰	弘德殿	熊賜履、喇沙里、孫在豐	其次致曲、至誠之道可以前知二章	中庸
13/10/10	辰	弘德殿	熊賜履、喇沙里、孫在豐	誠者自成也一章、故至誠無息六節	中庸
13/10/22	辰	弘德殿	熊賜履、喇沙里、孫在豐	天地之道可一言而盡也三節	中庸
13/10/26	辰	弘德殿	熊賜履、喇沙里、孫在豐	詩云維天之命一節、大哉聖人之道五節	中庸
13/10/27	辰	弘德殿	熊賜履、喇沙里、孫在豐	故君子尊德性而道問學二節	中庸
13/10/28	辰	弘德殿	熊賜履、喇沙里、孫在豐	王天下有三重焉一章	中庸
13/11/6	巳	弘德殿	熊賜履、喇沙里、孫在豐	仲尼祖述堯舜一章、唯天下至聖一節	中庸
13/11/7	辰	弘德殿	熊賜履、喇沙里、孫在豐	溥博淵泉而時出之三節	中庸
13/11/10	辰	弘德殿	熊賜履、喇沙里、孫在豐	唯天下至誠爲能經綸天下之大經一章、詩云衣錦尙絅一節	中庸
13/11/12	辰	弘德殿	熊賜履、喇沙里、孫在豐	詩云潛雖伏矣四節	中庸
13/11/14	辰	弘德殿	熊賜履、喇沙里、孫在豐	孟子見梁惠王王曰叟、孟子見梁惠王王立於沼上二章	孟子
13/11/16	辰	弘德殿	熊賜履、喇沙里、孫在豐	梁惠王曰寡人之於國也一章	孟子

13/11/17	辰	弘德殿	熊賜履、喇沙里、孫在豐	梁惠王曰寡人願安承教一章	孟子
13/11/18	辰	弘德殿	熊賜履、喇沙里、孫在豐	梁惠王曰晉國天下莫強焉、孟子見梁襄王二章	孟子
14/3/26	辰	弘德殿	熊賜履、喇沙里、孫在豐	齊宣王問曰齊桓晉文之事可得聞乎至是折枝之類也	孟子
14/3/27	辰	弘德殿	喇沙里、孫在豐、張英	老吾老以及人之老至然而不王者未之有也	孟子
14/4/2	辰	弘德殿	喇沙里、孫在豐、張英	莊暴見孟子曰一章、齊宣王問曰文王之囿一章、齊宣王問曰交鄰國有道乎一章	孟子
14/4/3	辰	弘德殿	喇沙里、孫在豐、張英	齊宣王見孟子於雪宮至爲諸侯度	孟子
14/4/5	辰	弘德殿	喇沙里、孫在豐、張英	今也不然至畜君者好君也、齊宣王問曰人皆謂我毀明堂一章	孟子
14/4/9	辰	弘德殿	喇沙里、孫在豐、張英	孟子謂齊宣王曰王之臣有託其妻子於其友而之楚遊者一章、孟子見齊宣王曰所謂故國者一章、齊宣王問曰湯放桀一章	孟子
14/4/12	辰	弘德殿	喇沙里、孫在豐、張英	孟子見齊宣王曰爲臣室則必使工師求大木一章、齊人伐燕勝之一章、齊人伐燕取之一章、鄒與魯鬨一章	孟子
14/4/14	辰	弘德殿	喇沙里、孫在豐、張英	滕文公問曰滕小國也一章、滕文公問曰齊人將築薛一章、滕文問曰滕小國也竭力以事大國一章、魯平公將出一章	孟子
14/4/16	辰	弘德殿	喇沙里、孫在豐、張英	公孫丑問曰夫子當路於齊一章、公孫丑問曰夫子加齊之卿相至孟施舍守約也	孟子
14/4/18	辰	弘德殿	喇沙里、孫在豐、張英	昔者曾子謂子襄曰至而反動其心	孟子
14/4/19	辰	弘德殿	喇沙里、孫在豐、張英	敢問夫子惡乎長至非徒無益而又害之	孟子
14/4/21	辰	弘德殿	喇沙里、孫在豐、張英	何謂知言至乃所願則學孔子也	孟子

14/4/23	辰	弘德殿	喇沙里、孫在豐、張英	伯夷伊尹於孔子若是班乎至自生民以來未有盛於孔子也	孟子
14/4/25	辰	弘德殿	喇沙里、孫在豐、張英	孟子曰以力假仁者霸一章、孟子曰仁則榮一章	孟子
14/4/26	辰	弘德殿	喇沙里、孫在豐、張英	孟子曰尊賢使能一章	孟子
14/5/6	辰	弘德殿	喇沙里、孫在豐、張英	孟子曰人皆有不忍人之心一章、孟子曰矢人豈不仁於函人哉一章	孟子
14/5/11	辰	弘德殿	喇沙里、孫在豐、張英	孟子曰子路人告之以有過則喜一章、孟子曰伯夷非其君不事一章、孟子曰天時不如地利至是地利不如人和也	孟子
14/5/16	辰	弘德殿	喇沙里、孫在豐、張英	故曰域民不以封疆之界至戰必勝矣、孟子將朝王至而造於朝	孟子
14/5/17	辰	弘德殿	喇沙里、孫在豐、張英	不得已而之景丑氏宿焉至以慢其二哉	孟子
14/5/18	辰	弘德殿	喇沙里、孫在豐、張英	故將大有爲之君至而況不爲管仲者乎、陳臻問曰前日於齊一章	孟子
14/5/20	辰	弘德殿	喇沙里、孫在豐、張英	孟子之平陸一章、孟子謂蚳鼃曰一章、孟子曰爲卿於齊一章、孟子自齊一章、沈同以其私問曰一章、燕人畔一章	孟子
14/5/21	辰	弘德殿	喇沙里、孫在豐、張英	孟子致爲臣而歸一章、孟子去齊宿於晝一章、孟子去齊尹士語人曰一章、孟子去齊充虞路問曰一章、孟子去齊居休一章、滕文公爲世子至言必稱堯舜	孟子
14/5/23	辰	弘德殿	喇沙里、孫在豐、張英	世子自楚反至厥疾不瘳滕定公薨一章、滕文公問爲國至罔民而可爲也	孟子
14/5/24	辰	弘德殿	喇沙里、孫在豐、張英	是故賢君必恭儉至惡在其爲民父母也	孟子
14/5/29	辰	弘德殿	喇沙里、孫在豐、張英	夫世祿滕固行之矣至可坐而定也	孟子
14/5*/1	辰	弘德殿	喇沙里、孫在豐、張英	夫滕壤地褊小至則在君與子矣	孟子

14/5*/4	辰	弘德殿	喇沙里、孫在豐、張英	有爲神農之言者許行至惡得賢	孟子
14/5*/5	辰	弘德殿	喇沙里、孫在豐、張英	孟子曰許子必種粟而後食乎至天下之通義也	孟子
14/5*/8	辰	弘德殿	喇沙里、孫在豐、張英	當堯之時至而暇耕乎	孟子
14/5*/9	辰	弘德殿	喇沙里、孫在豐、張英	堯以不得舜爲己憂至師死而遂倍之	孟子
14/5*/10	辰	弘德殿	喇沙里、孫在豐、張英	昔者孔子没至亦爲不善變矣	孟子
14/5*/11	辰	弘德殿	喇沙里、孫在豐、張英	從許子之道至惡能治國家墨者夷之一章、陳代曰不見諸侯一章	孟子
14/5*/13	辰	弘德殿	喇沙里、孫在豐、張英	景春曰公孫衍張儀一章、周霄問曰古之君子仕乎一章、彭更問曰後車數十乘一章	孟子
14/5*/14	辰	弘德殿	喇沙里、孫在豐、張英	萬章問曰宋小國也一章、孟子謂戴不勝曰一章	孟子
14/5*/15	辰	弘德殿	喇沙里、孫在豐、張英	公孫丑問曰不見諸侯何義一章、戴盈之曰什一一章	孟子
14/5*/17	辰	弘德殿	喇沙里、孫在豐、張英	公都子曰外人皆稱夫子好辯至咸以正無缺	孟子
14/5*/23	辰	弘德殿	喇沙里、孫在豐、張英	世衰道微至聖人之徒也、匡章曰陳仲子豈不誠廉士哉一章	孟子
14/9/20	辰	弘德殿	喇沙里、張英	孟子曰離婁之明至遵先王之法而過者未之有也	孟子
14/9/21	辰	弘德殿	喇沙里、張英	聖人既竭目力焉至可謂智乎	孟子
14/9/22	辰	弘德殿	喇沙里、張英	是以惟仁者宜在高位至喪無日矣	孟子
14/10/7	辰	弘德殿	喇沙里、孫在豐、張英	孟子曰規矩方員之至也一章	孟子
14/10/8	辰	弘德殿	喇沙里、孫在豐、張英	孟子曰三代之得天下也以仁一章、孟子曰愛人不親反其仁一章	孟子
14/10/9	辰	弘德殿	喇沙里、孫在豐、張英	孟子曰人有恒言一章、孟子曰爲政不難一章、孟子曰天下有道一章、孟子曰不仁者可與言哉一章	孟子

14/10/11	辰	弘德殿	喇沙里、孫在豐、張英	孟子曰桀紂之失天下也一章、孟子曰自暴者不可與有言也一章	孟子
14/10/26	辰	弘德殿	傅達禮、孫在豐、張英	孟子曰道在爾而求諸遠一章、孟子曰居下位一章、孟子曰伯夷辟紂一章、孟子曰求也爲季氏宰一章、孟子曰存乎人者一章	孟子
14/10/28	辰	弘德殿	傅達禮、孫在豐、張英	淳于髡曰男女授受不親一章、公孫丑曰君子之不教子一章、孟子曰事孰爲大一章	孟子
14/11/1	辰	弘德殿	傅達禮、孫在豐、張英	孟子曰人不足與適也一章	孟子
15/2/21	辰	弘德殿	喇沙里、孫在豐、張英	孟子曰有不虞之譽一章、孟子曰人之易其言也一章、孟子曰人之患在好爲人師一章、樂正子從於子敖之齊一章	孟子
15/2/24	辰	弘德殿	喇沙里、孫在豐、張英	孟子謂樂正子曰一章、孟子曰不孝有三一章、孟子曰仁之實一章	孟子
15/2/27	辰	弘德殿	喇沙里、孫在豐、張英	孟子曰天下大悅而將歸己一章	孟子
13/3/7	辰	弘德殿	喇沙里、孫在豐、張英	孟子曰舜生於諸馮一章	孟子
13/3/9	辰	弘德殿	喇沙里、孫在豐、張英	子產聽鄭國之政一章	孟子
13/4/10	辰	弘德殿	喇沙里、孫在豐、張英	孟子告齊宣王曰君之視臣如手足一章	孟子
13/4/14	辰	弘德殿	喇沙里、孫在豐、張英	孟子曰無罪而殺士一章	孟子
15/4/15	辰	弘德殿	喇沙里、孫在豐、張英	孟子曰君仁莫不仁一章	孟子
15/4/23	辰	弘德殿	喇沙里、孫在豐、張英	孟子曰非禮之禮一章、孟子曰中也養不中一章	孟子
15/5/5	辰	弘德殿	喇沙里、孫在豐、張英	孟子曰人有不爲也一章、孟子曰言人之不善一章	孟子
15/10/17	巳	弘德殿	喇沙里、徐元文、張英	孟子曰仲尼不爲已甚者一章、孟子曰大人者言不必信一章	孟子

15/10/21	辰	弘德殿	喇沙里、徐元文、張英	孟子曰大人者不失其赤子之心者也一章、孟子曰養生者一章	孟子
15/10/24	辰	弘德殿	喇沙里、徐元文、張英	孟子曰君子深造之以道一章	孟子
15/10/26	辰	弘德殿	喇沙里、徐元文、張英	孟子曰博學而詳說之一章、孟子曰以善服人者一章	孟子
15/10/28	辰	弘德殿	喇沙里、徐元文、張英	孟子曰言無實不祥一章、徐子曰仲尼亟稱於水曰一章、孟子曰人之所以異於禽獸者一章	孟子
15/11/4	辰	弘德殿	喇沙里、徐元文、張英	孟子曰禹惡旨酒而好善言一章、孟子曰王者之迹熄而詩亡一章、孟子曰君子之澤一章	孟子
15/11/7	辰	弘德殿	喇沙里、徐元文、張英	孟子曰可以取可以無取取傷廉一章、逄蒙學射於羿一章、孟子曰西子蒙不潔一章	孟子
15/11/9	辰	弘德殿	喇沙里、徐元文、張英	孟子曰天下之言性也一章	孟子
15/11/12	辰	弘德殿	喇沙里、徐元文、張英	公行子有子之喪一章、孟子曰君子所以異於人者以其存心也一章	孟子
15/11/13	辰	弘德殿	喇沙里、張英	禹稷當平世一章、公都子曰匡章通國皆稱不孝焉一章	孟子
16/3/4	辰	弘德殿	喇沙里、陳廷敬、張英	周威烈王二十三年初命晉大夫爲諸侯一章、初智宣子將以瑤爲後一章	通鑑綱目
16/3/5	辰	弘德殿	喇沙里、陳廷敬、張英	衛文侯使樂羊伐中山一章	通鑑綱目
16/3/6	辰	弘德殿	喇沙里、陳廷敬、張英	趙烈侯好音一章	通鑑綱目
16/3/8	辰	弘德殿	喇沙里、陳廷敬、張英	安王十五年魏吳起奔楚一章	通鑑綱目
16/3/9	辰	弘德殿	喇沙里、陳廷敬、張英	烈王六年齊侯封即墨大夫一章	通鑑綱目
16/3/11	辰	弘德殿	喇沙里、陳廷敬、張英	曾子居武城有越寇一章	孟子
16/3/12	辰	弘德殿	喇沙里、陳廷敬、張英	儲子曰王使人瞯夫子一章	孟子

16/3/13	辰	弘德殿	喇沙里、陳廷敬、張英	顯王八年衛公孫鞅入秦一章	通鑑綱目
16/3/14	辰	弘德殿 懋勤殿	喇沙里、陳廷敬、張英 喇沙里、張英	十四年齊魏會田于郊一章、十八年韓以申不害爲相一章 致中和一節	通鑑綱目 中庸 西銘
16/3/23	辰	弘德殿	喇沙里、陳廷敬、張英	齊人有一妻一妾一章 二十三年衛貶號曰侯一章	孟子 通鑑綱目
16/3/24	辰	弘德殿	喇沙里、陳廷敬、張英	萬章問曰舜往于田一章	孟子
16/3/25	辰	弘德殿	喇沙里、陳廷敬、張英	帝使其子九男二女三節、萬章問曰詩云娶妻如之何一章、萬章曰父母使舜完廩一章、萬章問曰象日以殺舜爲事一章、咸丘蒙問曰語云盛德之士一章	孟子
16/4/6	辰	弘德殿	喇沙里、陳廷敬、葉方藹	孝子之至二節、萬章曰堯以天下與舜六節、舜相堯二十有八載二節、萬章問曰人有言至於禹二節、匹夫而有天下者五節、萬章問曰人有言伊尹以割烹要湯三節	孟子
16/4/7	辰	弘德殿	喇沙里、陳廷敬、葉方藹	湯三使往聘之三節	孟子
16/4/8	辰	弘德殿	喇沙里、陳廷敬、葉方藹	吾未聞枉己三節	孟子
16/4/9	辰	弘德殿	喇沙里、陳廷敬、葉方藹	萬章問曰或謂孔子於衛一章	孟子
16/4/10	辰	弘德殿	喇沙里、陳廷敬、葉方藹	萬章問曰或曰百里奚一章、孟子曰伯夷目不視惡色一章、柳下惠不羞汙君一節、孟子曰伯夷聖之清者也一章	孟子
16/4/13	辰	弘德殿	喇沙里、陳廷敬、葉方藹	北宮錡問曰五節、大國地方百里四節、萬章問曰敢問友一章	孟子
16/4/14	辰	弘德殿	喇沙里、陳廷敬、葉方藹	萬章問曰敢問交際何心也四節	孟子
16/4/24	辰	弘德殿	喇沙里、陳廷敬、葉方藹	曰今之諸侯取之於民也三節	孟子
16/4/25	辰	弘德殿	喇沙里、陳廷敬、葉方藹	孟子曰仕非爲貧也一章、萬章曰士之不託諸侯何也四節	孟子

16/4/27	辰	弘德殿	喇沙里、陳廷敬、葉方藹	曰敢問國君欲養君子二節、萬章曰敢問不見諸侯何義也四節	孟子
16/4/29	辰	弘德殿	喇沙里、陳廷敬、葉方藹	齊景公田五節	孟子
16/5/1	辰	弘德殿	喇沙里、陳廷敬、葉方藹	孟子謂萬章曰一鄉之善士一章	孟子
16/5/2	辰	弘德殿	喇沙里、陳廷敬、葉方藹	齊宣王問卿一章	孟子
16/5/4	辰	弘德殿	喇沙里、陳廷敬、葉方藹	告子曰性猶杞柳也一章、告子曰性猶湍水也一章	孟子
16/5/9	辰	弘德殿	喇沙里、陳廷敬、葉方藹	告子曰生之謂性一章	孟子
16/5/10	辰	弘德殿	喇沙里、陳廷敬、葉方藹	告子曰食色性也一章	孟子
16/5/12	辰	弘德殿	喇沙里、陳廷敬、葉方藹	孟季子問公都子曰一章	孟子
16/5/13	辰	弘德殿	喇沙里、陳廷敬、葉方藹	公都子曰告子曰性無善無不善一章	孟子
16/5/14	辰	弘德殿	喇沙里、陳廷敬、葉方藹	孟子曰富歲子弟多賴三節	孟子
16/5/16	辰	弘德殿	喇沙里、陳廷敬、葉方藹、張英	故龍子曰不知足而爲屨五節	孟子
16/5/17	辰	弘德殿	喇沙里、陳廷敬、葉方藹、張英	孟子曰牛山之木嘗美矣一章	孟子
16/5/18	辰	弘德殿	喇沙里、陳廷敬、葉方藹、張英	孟子曰無或乎王之不智也一章、孟子曰仁人心也一章	孟子
16/5/20	申	懋勤殿	牛鈕	秦誓曰若有一个臣一節 詩曰奏假無言一節	大學 中庸
16/5/23	辰	弘德殿	喇沙里、陳廷敬、葉方藹、張英	孟子曰今有無名之指一章、孟子曰拱把之桐梓一章	孟子
16/5/24	辰	弘德殿	喇沙里、陳廷敬、葉方藹、張英	孟子曰人之於身也一章	孟子
16/5/25	辰	弘德殿	喇沙里、陳廷敬、葉方藹、張英	公都子問曰鈞是人也一章	孟子
16/5/26	辰	弘德殿	喇沙里、陳廷敬、葉方藹、張英	孟子有天爵者一章、孟子曰欲貴者一章	孟子

16/5/27	辰	弘德殿	喇沙里、陳廷敬、葉方藹、張英	孟子曰仁之勝不仁也一章、孟子曰五穀者一章、孟子曰羿之教人射一章、任人有問屋廬子曰一章、曹交問曰人皆可以爲堯舜三節	孟子
16/5/28	辰	弘德殿	喇沙里、陳廷敬、葉方藹、張英	徐行後長者謂之弟四節、公孫丑問曰高子曰小弁一章、宋牼將之楚五節	孟子
16/5/29	辰	弘德殿	喇沙里、陳廷敬、葉方藹、張英	先生以仁義說秦楚之王一節、孟子居鄒一章、淳于髡曰先名實者爲人也一章	孟子
16/5/30	辰	弘德殿	喇沙里、陳廷敬、葉方藹、張英	孟子曰五霸者三王之罪人也一章	孟子
16/6/5	辰	懋勤殿	喇沙里、張英	孟子曰求則得之一章 秦誓曰若有一個臣一節 國風首章	孟子 大學 詩經
16/8/17	辰	弘德殿	喇沙里、陳廷敬、葉方藹、張英	魯欲使愼子爲將軍一章	孟子
16/8/18	辰	弘德殿	喇沙里、陳廷敬、葉方藹、張英	孟子曰今之事君者一章、白圭曰吾欲二十而取一何如一章、白圭曰丹之治水也愈於禹一章、孟子曰君子不亮惡乎執一章	孟子
16/8/19	辰	弘德殿	喇沙里、陳廷敬、葉方藹、張英	魯欲使樂正子爲政一章	孟子
16/8/21	辰	弘德殿	喇沙里、陳廷敬、葉方藹、張英	陳子曰古之君子何如則仕一章	孟子
16/8/25	辰	弘德殿	喇沙里、陳廷敬、葉方藹、張英	孟子曰舜發於畎畝之中一章、孟子曰教亦多術矣一章	孟子
16/8/30	辰	弘德殿	喇沙里、陳廷敬、葉方藹、張英	孟子曰盡其心者一章、孟子曰莫非命也一章	孟子
16/9/4	辰	弘德殿	喇沙里、陳廷敬、葉方藹、張英	孟子曰求則得之一章、孟子曰萬物皆備於我矣一章、孟子曰行之而不著焉一章、孟子曰人不可以無恥一章	孟子
16/9/5	辰	弘德殿	喇沙里、陳廷敬、葉方藹、張英	孟子曰恥之於人大矣一章、孟子曰古之賢王一章、孟子謂宋句踐曰一章、孟子曰待文王而後興者一章、孟子曰附之以韓魏之家一章、孟子曰以佚道使民一章	孟子

16/9/6	辰	弘德殿	喇沙里、陳廷敬、葉方藹、張英	孟子曰霸者之民一章、孟子曰仁言不如仁聲之入人深也一章	孟子
16/9/7	辰	弘德殿	喇沙里、陳廷敬、葉方藹、張英	孟子曰人之所不學而能者一章	孟子
16/9/8	辰	弘德殿	喇沙里、陳廷敬、葉方藹、張英	孟子曰舜之居深山之中一章、孟子曰無爲其所不爲一章	孟子
16/9/9	辰	弘德殿	喇沙里、陳廷敬、葉方藹、張英	孟子曰人之有德慧術知者一章	孟子
16/10/12	辰	弘德殿	喇沙里、陳廷敬、葉方藹、張英	孟子曰有事君人者一章、孟子曰君子有三樂一章	孟子
16/10/13	辰	弘德殿	喇沙里、陳廷敬、葉方藹、張英	孟子曰廣土眾民一章、孟子曰伯夷辟紂一章、孟子曰易其田疇一章	孟子
16/10/16	辰	弘德殿	喇沙里、陳廷敬、葉方藹、張英	孟子曰孔子登東山而小魯一章、孟子曰雞鳴而起一章	孟子
16/10/17	辰	弘德殿	喇沙里、陳廷敬、葉方藹、張英	孟子曰楊子取爲我一章、孟子曰饑者甘食一章、孟子曰柳下惠不以三公易其介一章、孟子曰有爲者辟若掘井一章	孟子
16/10/18	辰	弘德殿	喇沙里、陳廷敬、葉方藹、張英	孟子曰堯舜性之也一章、公孫丑曰伊尹曰一章	孟子
16/10/19	辰	弘德殿	喇沙里、陳廷敬、葉方藹、張英	公孫丑曰詩曰不素餐兮一章	孟子
16/10/21	辰	弘德殿	喇沙里、陳廷敬、葉方藹、張英	王子墊問曰士何事一章、孟子曰仲子不義與之齊國一章、桃應問曰舜爲天子一章	孟子
16/10/24	辰	弘德殿	喇沙里、陳廷敬、葉方藹、張英	孟子自范之齊一章、孟子曰食而弗愛一章、孟子曰形色天性也一章	孟子
16/10/26	辰	弘德殿	喇沙里、陳廷敬、葉方藹、張英	齊宣王欲短喪一章、孟子曰君子之所以教者五一章	孟子
16/10/28	辰	弘德殿	喇沙里、陳廷敬、葉方藹、張英	公孫丑曰道則高矣美矣一章、孟子曰天下有道以道殉身一章	孟子
16/10/29	辰	弘德殿	喇沙里、陳廷敬、葉方藹、張英	公都子曰滕更之在門也一章	孟子
16/11/1	辰	弘德殿	喇沙里、陳廷敬、葉方藹、張英	孟子曰於不可已而已者一章、孟子曰君子之於物也一章	孟子

16/11/2	辰	弘德殿	喇沙里、陳廷敬、葉方藹、張英	孟子曰知者無不知也一章、孟子曰不仁哉一章、孟子曰春秋無義戰一章	孟子
16/11/4	辰	弘德殿	喇沙里、陳廷敬、葉方藹、張英	孟子曰盡信書一章、孟子曰有人曰一章、孟子曰梓匠輪輿一章、孟子曰舜之飯糗茹草也一章	孟子
16/11/5	辰	弘德殿	喇沙里、陳廷敬、葉方藹、張英	孟子曰吾今而後知殺人親之重也一章、孟子曰古之爲關也一章、孟子曰身不行道一章	孟子
16/11/8	辰	弘德殿	喇沙里、陳廷敬、葉方藹、張英	孟子曰周于利者凶年不能殺一章、孟子曰好名之人能讓千乘之國一章、孟子曰不信仁賢則國空虛一章	孟子
16/11/9	辰	弘德殿	喇沙里、陳廷敬、葉方藹、張英	孟子曰不仁而得國者一章、孟子曰民爲貴社稷次之一章、孟子曰聖人百世之師也一章	孟子
16/11/11	辰	弘德殿	喇沙里、陳廷敬、葉方藹、張英	孟子曰仁也者人也一章、孟子曰孔子之去魯一章、孟子曰君子之戹於陳蔡之間一章	孟子
16/11/13	辰	弘德殿	喇沙里、陳廷敬、葉方藹、張英	貉稽曰稽大不理於口一章、孟子曰賢者以其昭昭一章	孟子
16/11/14	辰	弘德殿	喇沙里、陳廷敬、葉方藹、張英	孟子謂高山曰山徑之蹊間一章、高子曰禹之聲一章	孟子
16/11/15	辰	弘德殿	喇沙里、陳廷敬、葉方藹、張英	齊饑陳臻曰一章、孟子曰口之於味也一章	孟子
16/11/17	辰	弘德殿	喇沙里、陳廷敬、葉方藹、張英	浩生不害問曰一章、孟子曰逃墨必歸於楊一章、孟子曰有布縷之征一章	孟子
16/11/18	辰	弘德殿	喇沙里、陳廷敬、葉方藹、張英	孟子曰諸侯之寶三一章、盆成括仕於齊一章、孟子之滕一章、孟子曰人皆有所不忍一章、孟子曰言近而指遠者一章	孟子
16/11/19	辰	弘德殿	喇沙里、陳廷敬、葉方藹、張英	孟子曰堯舜性之（者）也一章、孟子曰說大人一章	孟子
16/11/20	辰	弘德殿	喇沙里、陳廷敬、葉方藹、張英	孟子曰養心莫善於寡欲一章、曾晳嗜羊棗一章、萬章問曰孔子在陳二節	孟子
16/11/21	辰	弘德殿	喇沙里、陳廷敬、葉方藹、張英	敢問何如斯可謂狂矣四節、孔子曰過我門而不入我室四節	孟子

16/11/22	辰	弘德殿	喇沙里、陳廷敬、葉方藹、張英	孔子曰惡似而非者二節	孟子
16/11/23	辰	弘德殿	喇沙里、陳廷敬、葉方藹、張英	孟子曰由堯舜至於湯一章	孟子
16/12/8				親製日講四書解義序	

資料來源：中國第一歷史檔案館，《康熙起居注》（北京：中華書局）

資料說明：日期欄為便於檢索，採阿拉伯數字「年／月／日」標示，加「*」表閏月。